Copyright © 2009
American Samoa Community College
Malaeimi Road
P.O. Box 2609
Pago Pago AS, 96799
samoanstudies@amsamoa.edu
Tel. (684) 699-9155
Fax (684) 699-8355
www.amsamoa.edu

Ua Tālā le Ta'ui
Untying the bundles of fine mats

ISBN 13: 978-0-9818524-4-7
ISBN 10: 0-9818524-4-0

- Personal Interviews of Samoan elders included
- Illustrations and still photos
1. Samoan literature and language
2. Samoan folklores
3. Listing of Samoan words and their meanings
4. Samoan proverbs and their applications

Samoan Writer: Teleiai Christian Ausage
English Writer: Tafito Aitaoto
Editors: Okenaisa Fauolo, Apisaloma P. Toleafoa, Evile F. Feleti

Published by Samoan Studies Institute, American Samoa Community College, Malaeimi,
American Samoa. 2009.

ANOTUSI

Upu Tomua

O le a le ta i matau pe ta faalama ise se tuu mumusu ne'i sii ma tuu. Ae ifo tonu le u o le tologa e faaleo ai se faafetai i le Atua o le fuā. Na Ia muaau i le faanae lupe o le la ma lo matou laa i vasā, ua Ia toe muliau foi i le ifo o le taulaumea o lenei sailiiliga. O le a taoto ia la faagalu le fati paia faalupe o le atunuu faaufigata. E le toe paoina faatupe o mulī i faiva o le taulafoga i sa matou upu, nuunuu atu.

E le masalomia le segia o o matou mauli ma tagata lilo ina ua manufulu ula ma afa e tasi lenei galuega. E le taulaeia faamaa piitia ma le tau faasegaina le pa osofia i le agaga meemee ma le faagaeetia, ina ua tau le 'ai o le tapalega ma ua togi foi pa tau i le ave i lenei galuega.

Sa taumate pe tu noa faiva o le laumua pe tua i manū. Ae faafetai ua le utu vai mai le tomaaga, ae tali i le utu vai magalo i taulasea o upu o afioaga taitasi. O le mea moni, seanoa lo outou aao fesoasoani mai, e le oloa luuluu lenei taumafaiga. Faafetai le faasoa faatamalii, faamalo le faapale, o lea ua ou tiu faamatalaoa i lau faamanusina. O o outou sa le avea na tuluma e momoe faatasi ma lenei laumua, lea ua afua ai ona ufi fulu o le manusina le soā i nā, ae faailo lupe o le falevaai i lenei galuega, mo alo ma fanau o le atunuu saili faalumaga i le laumua o le Kolisi Tuufaatasi o Amerika Samoa.

E momoli malu i puega, i le solia o afioaga, tupua tausi, maota ma laoa, a o taumafai tatou te aleaga, umufono talatala ma ulu mea fatu fala i upu o le vaogagana, ae a se gapiā mo tupulaga amulī o le atunuu. Ni aleu o le laumua matou te faatoese; Ia galo ia i Aa e pei o upu i le Alataua so matou leaga, ni aso ona tali iloa lea i ala. A o le faatumutumuga o le agaga, ia ala uta muamua le upega, a o le i faia le faiva o le a'oa'o, ne'i vale tuulima lo tatou tofi mai le Matai.

Soifua

Setu P. Galea'i, Ed. D.
Peresetene, Kolisi Tuufaatasi o Amerika Samoa

Foreword

Tapping into the reservoir of Amerika Samoa's oral histories fulfills a segment of the American Samoa Community College mission statement that includes; 1) research and publication, 2) build awareness of Samoa and Pacific Studies.

The tedious task of documenting each village lore is challenging because Samoan literature is culturally perceived as traditions that define individual, family and village identity. It is also the nature of the culture that these assets are not considered to be published for general public dissemination. However, the generosity of the elders is borne of the recognized value to perpetuate the Samoan heritage.

Despite the complicated nature of this type of historical-cultural research, the warm reception and the free spirit of sharing from the community was most encouraging for several reasons: 1) Engagement between the community and ASCC, 2) Contributes to instructional materials used for Samoan Studies, 3) Promotes appreciation of Samoa's oral traditions. My sincere gratitude goes out to the elderly men and women of the villages visited. Let this work be a monument to your great contribution for the benefit of present and future generations of students of the American Samoa Community College.

My apologies for any inconveniences caused during this Samoan Studies Institute research, or for any unintentional misrepresentation of information. As the old adage from Alataua goes, "Let it all be buried at Aa". May this work one day reach the summit of its efflorescence.

Soifua,

Dr. Seth P. Galea'i
President, American Samoa Community College

Faalauiloaga

O sou vaivai e faapea; o le olaga o le Samoa e tafatasi i le Atua, tafalua i le aiga, ae tafatolu i lana aganuu.

O le tafatasi lea i le Atua e ou mea uma, e lagona ai le loto faafetai ona o lana faatautaiga o le vaa o le Ofisa o Aoaoga ma Suesuega Samoa i le faatinoga o galuega e aoga mo fanau o le Falesefulu ma le Motu Sa.

E mimita fai a'e ai foi ona ua tālā finagalo ma faamatagataga afifi a tupu ma ee o le atunuu ona o le silasila alofa i alo o le laumua. Pe ana le seanoa i latou nei; Faletogo Taliloa, Liua Pisamoa Taifane, Toilolo Palemene, Mamae Seti Muasau, Tauanuu Faisiota, Maugaotega Savane, Salavea Miki Salavea, Tuifuefue Miti McKenzie, Tuilefano Vaelaa, Toaono Mafatau, Auaumaga Tafa , Johnny Faleafine, Fiaoo Leatumauga, Aimalefoa Afalava, Taotafa Muasau, Gago Faatafa, Minareta Thompson, Auro Sipili, Vini Atofau, Pa'u Faleatua ma Neil Gurr semanu e le mafai e le Ofisa o Aoaoga ma Suesuega Samoa ona tuufaatasia le lomiga muamua o le tusi "Ua tālā le Ta'ui".

E sua matamuli pea le faamatalaga ae ona e le mafai ona natia le afu lelea o le tofa Teleiai Christian Ausage ma le susuga Tafito Aitaoto i le loto toa ma le finau malosi e savalia afioaga, maota ma laoa o toe ulutaia o alalafaga e faasoa mai lo latou silafia.

Faafetai tele i le galulue faatasi o totino o le Ofisa o Aoaoga ma Suesuega Samoa i le faitauga, teuteuga ma ata o lenei tusi – Patrick F. Mafo'e, Evile F. Feleti, Alofa Nuusila, Apisaloma P. Toleafoa, Fepulea'i Micah Van der Ryn, David Addison, Tamari Mulitalo Cheung, Lavinia Sefuiva ma Hannacho Sione.

Ma lo'u ava tele, e fai ai au ma sui o le Komiti Fa'afoe o le Kolisi Tuufaatasi o Amerika Samoa, le afioga i le Peresetene ia Setu Galeai ma lana taupulega, faiaoga, aufaigaluega ma tamaiti aoga, e tuu atu ai lenei tusi sa tuufaatasi e le Ofisa o Aoaoga ma Suesuega Samoa mo oe le tagata faitau.

o la outou auauna,

Keseta Okenaisa Fauolo-Manila
Faatonu, Ofisa o Aoaoga ma Suesuega Samoa

5

Acknowledgements

In my humble opinion, the life of a Samoan is triangularly shaped with the three sides' anchored by his God, his family and his culture.

It is of God's guidance that feelings of gratitude are sounded for He has guided the Samoan Studies Institute's Oral Histories Research to find and develop resources that will benefit the children of Tutuila and Manua.

Sacred wisdom and tightly wrapped valuables have been shared by the high chiefs, orators and village elders for the love and the value of empowering the children of Samoa that are educated at the American Samoa Community College. For this first volume of "Untying the Bundle of Fine Mats" (*Ua tālā le Ta'ui*) we are sincerely grateful to Faletogo Taliloa, Liua Pisamoa Taifane, Toilolo Palemene, Mamae Seti Muasau, Tauanuu Faisiota, Maugaotega Savane, Salavea Miki Salavea, Tuifuefue Miti McKenzie, Tuilefano Vaelaa, Toaono Mafatau, Auaumaga Tafa, Johnny Faleafine, Fiaoo Leatumauga, Aimalefoa Afalava, Taotafa Muasau, Gago Faatafa, Minareta Thompson, Auro Sipili, Vini Atofau, Pa'u Faleatua and Neil Gurr.

Acknowledgement must be made for the two individuals who have endured the immensity of this research; Tofa Teleiai Christian Ausage retold the oral lore of each village in Samoan writing and Assistant Researcher susuga Tafito Aitaoto for the translations of the stories.

Many thanks to the Samoan Studies Institute for the brilliant team effort in being readers, editors and illustrators - Patrick F. Mafo'e, Evile F. Feleti, Alofa Nuusila, Apisaloma P. Toleafoa, Fepulea'i Micah Van der Ryn, David Addison, Tamari Mulitalo Cheung, Lavinia Sefuiva and Hannacho Sione.

With my utmost respect and humility, on behalf of the American Samoa Community College Board of Higher Education, President of the College Dr. Seth Galeai and his Administration, faculty, staff and students, the Samoan Studies Institute provides you the reader with the first Volume of *Ua tālā le Ta'ui*.

Sincerely,

Keseta Okenaisa Fauolo-Manila
Director, Samoan Studies Institute

6

FAGAMALO

O le Faga Mālōlō

Faatomuaga

E le taumate i le ete le tele o igoa o nuu e amata i le upu **faga.** O le faga o ni vaega eleele o se atumotu po o se atunuu e loloto i totonu lona siosiomaga. O itu uma e lua o se faga e ta'ua o tolotolo, aua e uumi aga'i i tai ona vaega i le sami. O se ata faigofie lava e tu lalata mai o le fagaloa i afioaga nei o Gataivai, Fagatogo, Pagopago, Leloaloa ma Aua. O foliga na o se faga, e matua matautia le telē. O faga laiti e aofia ai ni isi o nuu o le Alataua, e iai Fagamalo ma Fagalii. E avea nei faga ma lafitaga o se fuavaa o le vasa, aemaise lava i taimi o taua ma le va tau o le atunuu. E faaaoga foi nei faga e api ai ni malaga ma ni ausaga mamao mai le vasa. E to fale laufao, fale lauvao, po o ni fale ta e tolauapi ai le malaga mo se vaitaimi, ona toe faaauau lea o le malaga.

E iai le talitonuga, o Fagamalo sa fai ma faga e mālōlō ai ni malaga mai sisifo, ona o le pito lea o le motu. E ui ina aave tala o Poloa e feagai tonu ma le itu i sasae o le motu o Upolu, peitai, e ioe le taofi o le Tofa i le Tautootoo ia Faletogo Taliloa, o Fagamalo lava le siui o le motu lenei o Tutuila lea e avea ma faga mālōlō o ni malaga e fai mai le Falesefulu.

A Bay for Resting

Introduction

There are many villages in Samoa that start with the word *faga,* which means bay or an inlet. Both sides of the bay are called peninsular which extends outwards to the sea. Gataivai, Fagatogo, Pago Pago, Leloaloa and Aua are villages with large bays. Smaller bays are found at some of the villages of Alataua County for example Fagalii and Fagamalo. These bays used to be shelters for war boat fleets during internal conflicts. They were also use as refuge for travelers from across the ocean. Temporary bush shelters were built with local material until time came to continue with the journeys.

There is a belief that Fagamalo was a bay used in the olden days for the said purpose by people from the Western Islands because of its proximity. It is well known that the village of Poloa is opposite the eastern tip of the Island of Upolu at the Aleipata District. But High Talking Chief Faletogo Taliloa of Fagamalo believes that his village is the place where travelers to Falesefulu (another name for Tutuila) took refuge in days gone by.

Manatu i tala tuu taliga

O le Faga o Aa

E i le va o le afioaga o Fagamalo ma Aoloau tuai le nuu lenei o Aa. Sa igoa muamua o le nuu o alii. Sa i ai aiga sa nonofo ai anamuā, ma e pine i tulaga maota ma laoa o loo i ai i le taimi nei. E malosi lea mau ona o fanua tanu o loo i isi vaega o le nuu, atoa ai ma luga o tuasivi o le mauga. E masalo o le laitiiti o le nuu na ala ai ona faigofie ona pulega ma lana faiga nuu. E le ela se matau i se isi e soli sa o le afioaga, aua e leai se Saumani afaese i le nuu, o suli uma lava o le aiga Sa Saumani.

Sa uluai taunuu le ausaga a le masaga i le nuu lenei o Aa. O le piilua lea e fitoitonu i ai le Mavaega i le Vasaloloa, "ta te toe feiloai i siu tila ma ulu la." O se alagaupu e faaaoga i ni lauga taumavae a ni tulafale, pe a silinaa le seuga i ni laulua fesilafaiga. O le toai taunuu o tamaitai, na la matau ai o loo faia le faiva o le nuu. O lea faiva ua igoa o le tulau. Ua feosofi teine i luga o maa ma matamata i le faiva. Na iloa e i'a o le sami tamaitai , ona saili lea i se masae o le lau ma sola faasulusulu ese loa i le vasa. E le gata i lena, ae ua matau foi e le 'au toso lau ma le 'au fo lau a le aiga tautai, ua leai ma se i'a i totonu o le lau.

Considering Customary Lore

The Bay of Aa

There was once a bay called Aa (formerly known as the village of high chiefs) between the village of Fagamalo and Aoloau. To date remains of chiefs residences can be seen in the area. Grave sites at that part of the bay and on the mountain tops provided additional evidence of previous settlements at Aa. Because of the bay's size it was easy to control. No one stepped out of line in such a small place because it consisted of one big family.

The legendary twins Taema and Tilafaiga arrived at Aa and one tribute derived from this event, known as *Mavaega i le Vasaloloa* (Testament at Sea) is "we will meet again at sunset and sunrise". The phrase is usually used by orators at the conclusion of events to express the hope to meet again some day. Upon arrival the twins came across the village fishing (known as *tulau*). The fish may have seen the twins and sought an opening in the thatched leaves used as a net and escaped.

The village went ashore empty handed because of the twins who were blamed by the villagers for the negative outcome. The anger of the villagers towards the twins

Ua a'e i fanua le faiva ma le faatamasoalii a le nuu. Ua tonu i manatu o le nuu, ua le talimau le piilua i lo latou faiva, ae ua la mamauina le faiva o le nuu. Ua ita tele le nuu aua ua 'asa le faiva. Ua latou faifai tala ma upu leaga i le masaga. Ua le solomuli le manatu fia taui masui o tamaitai. Ua la faasaga e fafasi i le nuu atoa ma ua tiliola tagata o le aai e saili pausisi mo se mapusaga. O le mana faasaualii o le masaga, na le mafai ai e se tagata e tasi ona ola. Ua feoti tagata uma ma ua faaleagaina mea uma i le fasi tele a tamaitai. Ua talanoa teine ma tonu ai i o la manatu ina ia faaauau le malaga, ae ia galo i Aa nei mea uma, aua e tali iloa i se aso.

Ni isi motuga afa

1. E tali tutusa le faiva o le tulau ma le faiva o le laulo ma isi faiva e faaaoga ai le lau e fai ma upega e pupuni ai i'a a'e o afioaga taitasi. E fo i totonu le lau ona sii lea i le pa'u mātū o le matafaga ma auau ese i'a. E faitau i le numera valu le aofaiga o lau uumi. E afua i lea faiva o le talafatai le muagagana, **ua tala tua valu lau o le fo.**

2. E iai le talitonuga o le tala lea e maua ai ni isi o suafa i le motu lenei o Tutuila. O le galo o nei mea i le nuu o Aa, e tala feauga ma le tala ia Valomua ma lona soatau i le taaloga o le taga lapalapa. O

resulted in calling them bad names and all sorts of profanities. The twins did not take the insults lightly and immediately took revenge and slaughtered the entire population and destroyed all their properties. The twins talked between themselves and decided to continue with their journey. Let everything that had happened be buried at Aa, maybe someday it will be revealed.

Additional Thoughts

1. Many villages use a similar method in fishing using thatch from leaves, especially in villages that have traditional annual fish harvests. About eight thatches are used to encircle a school of fish, and carried ashore to be separated and put into baskets. Thus the saying: *Ua tala tua valu lau o le fo*, in essence: We have accomplished our mission of catching fish.

2. There is a belief that some of the sayings derived from this incident, e.g. a brave warrior named Valomua and his lieutenant fought using coconut leaf stems at Laloifi, a ground for competitions of bravery and skill. Valomua was defeated and the chiefs cautioned the victor not to spread the news because of the status of his superior. From this incident comes the proverb, *O Laloifi lava lenei,*

FAGAMALO

Valomua o se alii tautaua i le taaloga lenei, ae na afaina i le la fetauiga ma lona soa i le malae o Laloifi. Ua tuu mumusu atu le toeaina i lona soatau i upu nei, **o Laloifi lava lenei**. Ia galo ai i nei le mea ua tupu.

meaning whatever took place here at Laloifi remains buried here forever.

Auiliiliga o upu

1. Ausaga – feausi, aau
2. Api – nonofo, toai taunuu
3. Asa – leai se i'a e maua, le manuia le faiva
4. Ela – sese, sasi, aleu
5. Ulu la – o le ulu o le la o le vaa
6. Faatamasoalii – faiva i le tai, fagota
7. Faga – o se vaega o le motu e aga'i i totonu, e pei o se to tele
8. Fagaloa – o se faga e loloto toe umi
9. Fale laufao – fale e ato i laufao
10. Fale lauvao – fale e ato i lauvao
11. Fale ta – fale e ta ai laau o le faatufugaga o le fauga fale ma tāgā vaa
12. Fanua tanu – fanua oti
13. Fo – tulei aga'i totonu
14. Lau – o le upega e fili i launiu
15. Mamau – taofi, 'asa, le manuia
16. Matau – vaai, tilotilo, iloa
17. Saumani afaese – tagata ese, e le o se suli po o se feoi

Taema ma Tilafaiga

18. Siu tila – siusiu o le tila
19. Silinaa – ua māe'a le tai lupe
20. Taumate i le ete – tuu fesili, fia iloa
21. Talimau – tapuaiga o se faiva
22. Tiliola – fia saoloto, fia maua se mapusaga
23. Tolotolo – o vaega o se atu motu e aga'i i le sami
24. Tuasivi – tumutumu mauga
25. Tulau – ituaiga faiva e faaaoga ai le lau
26. Tulaga laoa – tulaga fale o le tulafale
27. Tulaga maota – tulaga fale o le alii

Alagaupu

1. Ua tu noa faiva o Aa.

Mafuaaga – O matamataga a Taema ma Tilafaiga i le faiva o le nuu o Aa

Uiga – Ua leai ma se i'a e maua i le faiva

Faaaogaga – Ua tu noa o tatou faiva i le asō, e pei ona tu noa o faiva o Aa

2. Ua mamau faiva o le nuu

Mafuaaga – Ua taofi e teine le faiva i le nuu o Aa

Uiga – Ua 'asa ma ua le mau le faiva

Faaaogaga – Se! Ua mamau o tatou faiva i lenei aso, atonu o se malama a taeao ona mau lea ma manuia.

3. Ia galo ia i Aa, e tali iloa i se aso.

Mafuaaga – O le tala lava e tasi i le masaga i le nuu o Aa

Uiga – Ua talanoa teine ma ua tonu ai e faagalo i Aa le mea na tupu

Faaaogaga – A tuuama le fua ma tatala le fili alii, ia galo ia i Aa se faaletonu.

POLOA

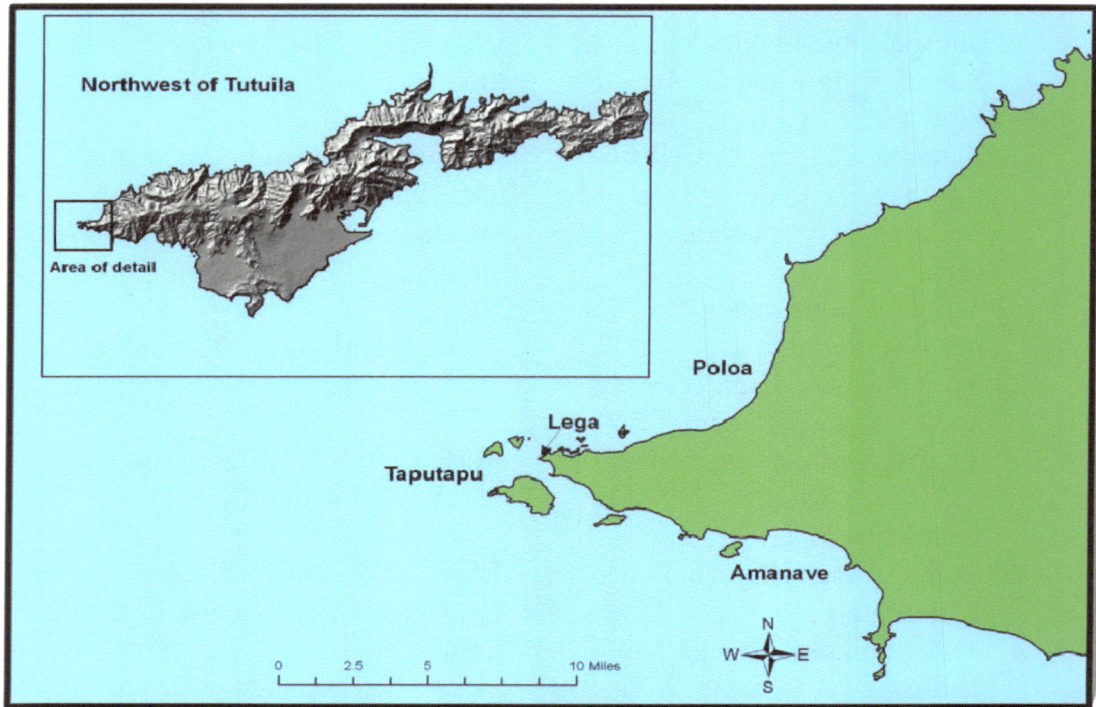

Po Loa

Faatomuaga

Ua faafagogo tagiao i taliga le faafofoga a le atunuu i le lasi o tala o le ausaga a teine e toalua o Taema ma Tilafaiga, lea e taofi ai le atunuu sa taunuu i Poloa i le Alataua. E ui lava ua o se ligoligo le logo malie o tala o lea foi vavau, ae ua le tuuaulafo lava le Ofisa o Suesuega ma Aoaoga Samoa e asamo mo ni manogi i se toe ulutaia o loo faamatua tumu i ai le afioaga, ina ia faalaei ai se oso aua alo o Tutuila ma Manu'a, o loo utuvai i le sailiga atamai i le laumua o le Kolisi Tuufaatasi.

As Night Falls

Introduction

The many versions of the legendary twins Taema and Tilafaiga has become common knowledge in Samoa. The most popular version is that the girls swam from the ocean and arrived at the village of Poloa in the Alataua West County. Although there are a variety of versions pertaining to the same legend, the Samoa Studies Institute has strived to seek the wisdom of one of the current village talking chiefs for the benefit of the children of Tutuila and Manu'a attending

O le tatala ai o le auafa mau i le Tofa i le Tautootoo ia Liua Pisamoa Taifane, ua o se tulaga lea e sili lona faigata i so o se matai Samoa. Peitai, ua laualuga le silasila o le Tautootoo i alo lalovaoa o le atunuu ua tā'ina i mea sese, faatasi ai ma i latou ua fao malo i nei measina o le afioaga, e aunoa ma so latou silafia i ai. O lenei tala o le vavau, ua fai lea ma mitamitaga e faapolopolo faamatua moepo pea e le afioaga, ae a o'o ina tutupu vesiga ma pefea i nei lava aso, ona le mafai lea ona toe natia i fatualavai le mea moni ua au tausagā o taoto ma le memea i le afioaga.

Manatu i Tala Tuu Taliga

Ua Sa Taputapu

E le o mailoa tonu po o fea na feausi mai ai tamaitai, po o le itu i sisifo mai le motu o Upolu, po o le itu i sasae mai le motu o Manu'a. Pau o lea o le toai taunuu o teine i laueleele o Poloa ma latou agelelei i ai. E sili atu ona ola ma anoanoa'i gafa o le tagata na i lo a'a o le laau. Ua o se talitonuga lea e piiama i le tala o le piilua o Taema ma Tilafaiga ma lo laua foi tupuaga i le motu i sisifo.

O le uluai taunuu ai o le ausaga a teine i le tausiusiuga i sasa'e o le American Samoa Community College.

Although it is no easy task for an orator to release information concerning the culture in a particular village of Samoa, High Talking Chief Liua Pisamoa Taifane has generously offered to clarify for the future generations of Samoa some of the legends pertaining to the abovementioned legend which took place at his village many years ago. The legend referred to in this case has been a closely guarded secret of the village through generations to date.

Considering Customary Lore

It is Absolutely Forbidden

It is not known for sure the direction from where the twins swam to get here, whether from Upolu Island to the West or the Manu'a Group in the East. The important thing is that the twins arrived at Poloa and were generously looked after. A popular saying in Samoan is that man has more roots (family connections) than a tree. Hence, the belief that support the version of the Islands west to be the origins of the twins Taema and Tilafaiga.

afioaga o Poloa, na mafua ai ona maua le igoa o le afioaga, aua na taunuu i le taimi na faasifo ai le la i lona nofoaga mau ma ufitia ai le fogaeleele ma le sami i le pogisa. O i na mafua ai le suafa o le afioaga o **Poloa**.

Na tau aao mai e tamaitai la laua tamai ato ua taua o le **ato pumoomoo**, e faagaga mo o laua faiva. O lea ato o loo i ai le lega, e tusa o le talitonuga faamaumau. O le uiga o le ato pumoomoo, o le faia lea o ni faalumaga faasili mo tamaitai, pe a tau aofia le afioaga i ni faiga ai tetele. E le i tiutamala le afioaga i le taliga o le malaga a tamaitai ina ua toai taunuu le uto i fanua. E tusa ai o le vavau tumau o le afioaga, e tatau lava ona iai ni laulau faasili i so o se mea e fai, aua o le ata vaaia lea o lo latou agalelei faifai pea i tamaitai talu mai anamuā. O le faatino ai o lea tulaga, e matau ai e tagata o le afioaga le fiu e faaaoga taumafa, e le taitai ona uma i taimi o taligamalo ma faiga 'ai e masani ai.

Na tuu e tamaitai le lega i se nofoaga faapitoa, lea ua igoa nei o le **lega.** O luga a'e o lea nofoaga, o loo i ai se vai ua igoa o le **vai tulia i vasā**, ona e faafeagai lelei lava ma le moana sausau o le vasa loloa. Na faaaoga lenei vai e fai ma vai taumafa. Sa tupu lau olaola foi i lea nofoaga le laau o le fasa, e

The arrival of the twins at the eastern part of Poloa gave rise to the name Poloa because the two arrived at night (*po*) when darkness fell. The twins brought with them a shallow basket used for expeditions. The basket was reserved for extra food for the twins when there were significant traditional events or feasts where food was plentiful. Upon arrival the village of Poloa showed generosity to the pair. From that event the tradition of setting aside extra trays of food was born and practiced to this day, a testimony to the kindness of the people of Poloa to visitors many years ago. The generous gesture by the villagers brought about a miraculous change in the abundance of food in any cultural gathering at the village where there is a lot of leftover after feasts or meetings of that nature.

During the occasion the twins left the turmeric powder (Sci. term: curcuma longa) at a special place, now known as the "*lega*". Just above the *lega* is a stream named "*vai tulia i vasa*" (translated: "water fetched from afar or across the ocean") because it faces the vast ocean the pair swam to the isles west of the Samoa group. The water was used by the women on their long journey through the ocean. A pandanus tree grew at the same spot from which the

mafua ai le alagaupu i fua o le fasa, **o le fala le osofia.** O lona uiga, e le mafai e se tasi ona tago pe faaleaga fua o le laau. O le tuulaupua ai o vavao i lea nofoaga, e maua ai isi alagaupu, **o le vao sa,** aua ua sa taputapu le pisapisa o, pe tapisa, sa foi le pa'ō, aua ua māe'a ona faamamalu ma faasa e tamaitai. E leai se e utuvai tofo i ai e o'o mai i le asō, aua o upu e masani ai le atunuu, **e le sālā lava upu mai anamuā.** O le māe'a ona u'u laumea ao o tamaitai i le lega, ona aga ifo lea i le loto e faamalu. Ua igoa ai lea loto na faamalu ai tamaitai, o le **loto o tamaitai,** po o le **loto o fafine.**

I gatai ane o le loto o fafine, o loo i ai le **loto o tamaloloa** po o le **loto o tane,** e puipui ai tamaitai mai le osofaia ma le faatamaia e o la fili. O ni isi o taimi, e aga atu ai tamaitai e faamalu i le maa o loo i le loto aai. A māe'a ona faamalu, ona aga'i lea o la laua solo i se ana o loo i le itu i gauta o le loto aai e nofonofo ai ma maimoa i tafā aai. O lenei ana, e leai se vao e ola ai, e o'o mai le asō.

Isi Motuga Afa

1.E ui lava ina tala lasi le atunuu i lenei tala o le vavau, e le o maumaututū le talitonuga o le afioaga, po o fea tonu le itulagi na aga mai ai le ausaga a tamaitai. E le o se itu taua lea i le afioaga, ae

proverbial expression about the fruits of the pandanus *"fua o le fasa"*, *o le fala le osofia* (the untouched fruits of the pandanus) derived. Meaning no one is allowed to touch or ruin the fruits of the tree. Another expression from the same incidence goes: *o le "Vao Sa"* the sacred bush, because it is a taboo by the ladies that no one is to disturb the peace or balance of the place. To date no one has dared violate the sacred conditions set by the ladies due to the belief that spirits will severely punish the violators.

The ladies dyed their hair with the *lega* they went down to a pool below to bath, and thus the name *"o le loto o tamaitai"* or *"loto o fafine"* translated: ladies or women's pool. Seaward is the *"loto o tamaloloa* or *tane"*, men's pool, the purpose of which is to guard the ladies against trespassers or strangers who may harm the ladies. Sometimes the twins are seen going to bath on the rock in the center of the village. After taking shower the twins proceeded to a cave inland where they sat and enjoyed the scenery of the neighboring villages. It has been noticed that no plant grow near the rock to date.

POLOA

tasi lo latou taofi mausalī, o lo latou agalelei i le savali a tamaitai.

2. E tali tutusa lelei foliga o le nofoaga o le lega, ma vavau i le itu i sisifo o le motu o Salafai, i le afioaga o Falealupo. E foliga mai i le matau a sulu o le tino, e tau faiā tutusa le sootaga o nei tala o le vavau, ona o tulaga o pine faamau.

Auiliiliga o Upu

1. Auafa mau – teu mau, taofi mau, aua le mamulu
2. Asamo – su'e meaai mata
3. Ato pumoomoo – tamai ato, ato laitiiti
4. Uu laumea – uu atoa le lauao
5. Ulutaia – vaega matua o le oga ulu, pulapula la goto le soifua
6. Uto – faailo o le upega, futu e fai ai le taaloga o le tapalega
7. Utuvai – ti vai, su'e vai
8. Faagaga – nana, teu lelei, faapolopolo
9. Faafagogo tagiao – faalogo soo, faamatala soo
10. Faamatua moepo – o le lupe fafine e faamafanafana i ona fuālupe
11. Faamatua tumu – o le tagata e faatumutumu i ai se saofaiga, aiga, nuu
12. Faasifo – faatoesega, faamaualalo

Loto o Tamaitai　　**Ladies Pool**

O le Lega　　**The Turmeric**

Loto o Tane　　**Men's Pool**

16

13. Fao malo – fia sili, fia maualuga
14. Fasa – o le laau e pei o se paogo, laufala, lauie ma e ola tu lata i le sami
15. Lega – o le pauta e maua mai le laau o le ago
16. Ligoligo – o se iniseti e logo malie lana tagi
17. Loto aai – ogatotonu o le aai
18. Memea – ua leva, enaena, ie toga ua loa ona tatao
19. Natia i fatualavai – nana i le lavai ina o puaa, ia lilo, aua ne'i iloa
20. Tafā aai – o pito o le aai
21. Tapisa – o le vavao, talanoaga leo tetele, fiafia
22. Tiutamala – faatamala, faa-tumutumu lima, faateme-teme
23. Tuuaulafo – musua, le mafai
24. Tuulaupua – ua māe'a tapui, sa ona sui

Alagaupu

1. O le Vai Tulia i Vasā

Mafuaaga – O le vai na tuli mata'i mai ai le ausaga a tamaitai i Poloa.

Uiga – O le vai e faafeagai tonu ma le vasa, i le ala lea sa feausi mamao mai ai

Faaaogaga – O lea ua ou feagai nei ma le vai tulia i vasā, ae a le afio mai o lau afioga i le sa'o; ona faapea lea o se manatu, se i taumafai atu se faamatalaga, aua ua maualuga lenei afiafi.

2. O le Vaosa o tamaitai, e pei o upu i le Alataua

Mafuaaga – O le tala lava ia Taema ma Tilafaiga

Uiga – Ua sa taputapu se tagata ona toe ui i lea vaega o le aai

Faaaogaga – Faafetai tele le faaaloalo, malo mo le faatau paia ma le sivaloa. Alo ia i le lauga, o le a matou tapuai, ona o lea ou te lata i le Vaosa o tamaitai

3. O le Fala le Osofia

Mafuaaga – O le tala lava i le ausaga a teine o le vasa

Uiga – O fua o le fasa, e le toe tago i ai se tagata

Faaaogaga – O le a nuunuu ia paia ua manūtoao i le maota, aua o le fala lava e le osofia, e leai se e aleale na te toe vaetapuina mamalu ia.

Fasa   **Pandanus**

FA'ILOLO

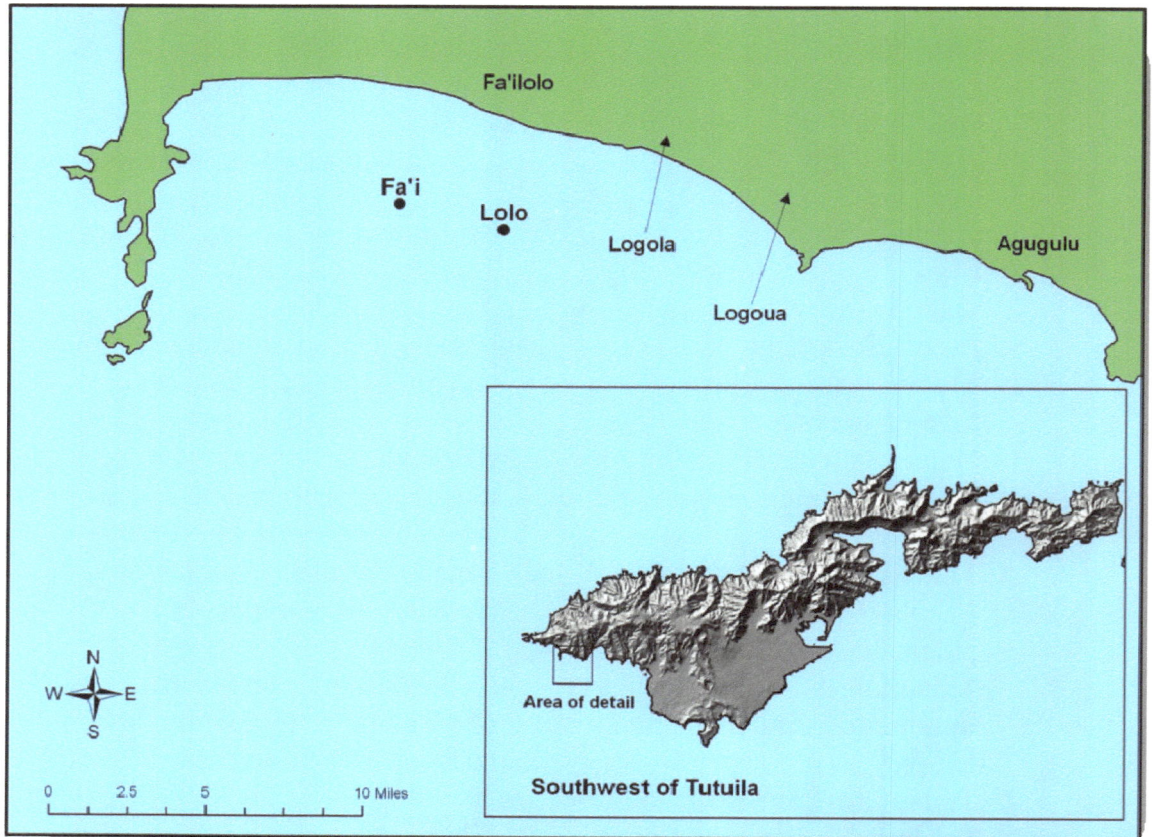

O Fagailiili

Faatomuaga

E tele afioaga o Samoa mai le atu i sisifo se ia pā'ia i nei le atu i sasae, sa ese igoa na iai muamua, e tusa o tala tuutaliga mai tuaa ua lagomau i tia sa. Peitai, ona o le gasologa o le soifuaga ma le tutupu ai o suiga i vaitau o le olaga, e mafua ai ona suia o igoa o isi afioaga, se ia o'o mai le asō. Atonu e talafeagai ma feauga lelei suiga o igoa o nei afioaga ma finagalo a o tatou tuaa ua fai i lagi le folauga. O ni isi o

Fagailiili

Introduction

Many villages of Samoa from west to the east of the group that had different names from the current ones according to oral tradition. During the ages various incidents occurred to justify the changes made to the names of villages throughout Samoa. Some of the changes were due to the methods of rule, the competitive nature of our people during conflicts, sports, farming and fishing to name a few

nei suiga e afua i le taa saualii o o tatou tagata anamuā, tala o taua, o ni matūpalapala na to atu, po o ni faigauo i le va o aiga tupu o tagata o atumotu, e pei o Toga ma Samoa.

Na tanoa le Afioga a le Tama a le Malo, Toilolo Palemene e faapea o le afioaga o Failolo sa igoa muamua ia Fagailiili. O le upu **faga**, ua o se vaega lea o se atumotu e aga'i i totonu lona siosiomaga faalenatura. O itu e lua o se faga, e faafeagai ma ni tolotolo, e fua lava i tulaga taoto o se atumotu ma lona talafatai. Sa avea faga i aso anamua e fai ma 'olo o lafitaga o le isi itutaua mai le isi ituau. E faaaoga tele faga nei i taimi o le tātu'i'imalae, ae faatitino lava i taua o le gataifale pe a faaee le fuavaa.

Manatu i Tala Tuu Taliga

O Fa'i ma Lolo

Sa i ai se ulugalii sa papa aao i Fagailiili i le Atalaua, o le itu i sisifo o Tutuila. O Fa'i le suafa o le toeaina, a o Lolo le loomatua. Sa aumau faatasi lenei ulugalii ma la laua tama e toatasi. O Fagailiili o le igoa e afua mai maamaa ninii, sa papae i lumafale o le afioaga, e o'o lava i le laupa'e o le oneone o le matafaga. O le itu i sasae o le

and the rivalries between groups of peoples e.g. Tonga and Samoa although both share the same identity as Polynesians.

According to high chief Toilolo Palemene, the village of Fa'ilolo was formerly called Fagailiili. The word *"faga"* (translated:bay) , was a very important part of the island used strategically as a fort by the people during sea wars as was common because our ancestors were navigators and seafaring people. The bay was crucial when a fleet set sail for war or other traditional expeditions.

Fa'i and Lolo

There was a couple who lived at the Village of Fagailiili, Alataua at the western tip of the Island of Tutuila. The man Fa'i and his wife Lolo had one child named Fagailiili which derived from the white pebbles (dead coral), in front of the village including the white sand which stretches from one end of the village to the other. Two pools are located east of the village. One is called Logola, the other Logoua. Logola (translated: to be informed of coming fine weather; sunshine), was for the purpose of informing the village to expect fine weather, while the other pool Logoua,translated: to be informed of rainy weather ahead), was also for the same purpose of

FA'ILOLO

afioaga, o loo i ai ni vaipuna se lua. O le tasi vaipuna e igoa ia Logola, a o le isi o Logoua. O Logola e logo mai ai i le nuu foliga lagi lelei o le aso ma e matua mugala. O Logoua, o foliga o le aso louloua i le pa'ū o le ua mamafa, atoa ai ma le faamalumalu o le taufaanuu, e pei o se savili e foli lona agi salululu. O nei vaipuna, sa fai ma toomaga o le afioaga i le gā'ō'oga o mea tausami, ae a se faasiliga malosi o le tino i le feagai ai ma matafaioi o aiga ma le nuu. E tali tutusa lelei le talitonuga o nei vaipuna ma le tala i le Vai o Sina, lea e tafe pea i taimi o le tuiefu ma le mugala. O le mau taofi o le afioaga, e tusa lava pe tetele le mugala, e sua lava le vai e faagaga mo le fofoga taumafa ma taimi e faamalu ai.

Ua tuua e le tama ona matua o Fa'i ma Lolo i se tasi aso, ae aga'i atu i le vao mo faatoaga ma faafafa mai se matagafulu aua le taliga o le sua o le afiafi. O le mamafa tu o le faaopoina o le lafo i lauvai sa liai i le isi itu o le maumaga ma le tau autaluina o toaga fou o le faatoaga a le taulealea, na ala ai ona tausegia lona mauli ina ua ea a'e ma vaaia le toesea o ona matua mai lo latou aiga. O moomooga sa faalupe ua le tau lau o le faamoemoe, ina ua vaaia ona matua ua liu maa i le gataifale o le afioaga. Ua suia nei le afioaga i

letting the people know ahead of time of incoming foul weather. These two pools have served the village well for food preparation. These two pools are similar to another pool which belonged to Sina and was said to run continuously regardless of the weather.

One day the lad Fagailiili went to his plantation to fetch some taro for their evening meal. Upon his return with a heavy load of taro, he threw it to the other side when he almost fainted. Suddenly he discovered that his parents were absent from their house. Upon further investigation he found that his parents have turned into rocks in the sea opposite the village. At that time the name of the village was changed from Fagailiili to Fa'ilolo in remembrance of the couple. Proof is found to this day of the two rocks on the lagoon close to the present day village of Fa'ilolo.

Additional Thoughts

1. We have been very cautious in our approach not to bypass any village regardless of size, because of the value and significance of every information we can get to add to our growing wealth in our basket of traditional knowledge for future generations of Samoa.

FA'ILOLO

suafa o le ulugalii, o Fa'i ma Lolo. O pine faamau e fai pea ma lagi soifua o lenei talatuu, o loo tā'o'oto pea nei maa e lua e latalata i le aau o le afioaga o Failolo e o'o mai le asō.

Isi Motuga Afa

1. E le tuuaulafo le manatu o le ofisa e laaloa ai le sailiiliga e aunoa ma afioaga laiti nei. E mafua sea tulaga ona o loo afifi i afioaga taitasi le sosia ma le lololo o ana lava tala tuu taliga, aua e le nanenanea i se faamatalaga e fono faapipii i ai. O lea ua taoto nei i lagatonu lo latou talitonuga e faatatau i le igoa o le afioaga.

2. E atulasi le tele o vai e faatusatusa ia Logoua ma Logola. E pei o le Vai Sa o le Tui Feai, Vaiutuitua o le Tui Atua, O le vai o Mau ma Oge o Amaluia ma le tele naua o isi vai e maua ai upu tuu o le atunuu. Peitai, e laualuga lava le talitonuga o le afioaga o Fa'ilolo, e le maua lava le malu o mataua o nei vai e lua, e molitino ai lagona ma malie ai le galala.

AUILIILIGA O UPU

1. Autalu – vele vao, ato fuli le vao
2. 'Olo – maluapapa, lafitaga, puipui mai le fili
3. Ua – timuga

2. There are many pools compared to Logoua and Logola. For example the Vai Sa of Tuifeai, Vaiutuitua of Tui Atua, Vai of Mau and Oge located in Amaluia and others.

Logo La

4. Feauga – talafeagai, fetaui, tutusa
5. Foli – sauni
6. Galala – fia inu, manaomia se vai
7. Ga'ō'ō – tapenaga o meaai
8. Laupa'e – pa'epa'e atoa
9. Lauvai – o tama a talo totō
10. Lagomau – teu mau, o le mea o loo tanu ai
11. Matagafulu – sefulu talo
12. Matūpalapala – o se faa-manuiaga e taui ai se tautua pe matū ai se tautua
13. Molitino – e lagona i le tino, e faalogoina e le tino
14. Nanenanea – ua le mamalu, le tauoloa
15. Papa aao – nonofo, aumau
16. Pine faamau – faailoga e iloa ai se mea
17. Salululu – agi tetele, gatete le eleele
18. Segia le mauli – mou, ave-ese, te'i, faafuasei
19. Taoto i Lagatonu – mautu se mataupu, ua lago lelei se mataupu
20. Taufaanuu – o le ao uliuli e foufou o le a timu
21. Tātu'i'imalae – o taua i malae ma tupua tausi
22. Toomaga – nofoaga e saili i ai, mapu i ai, maua ai se fesoasoani
23. Tuaa – matua o matua, o o tatou matua
24. Tuiefu – taimi mugala o le tausaga

Alagaupu

1. Ua Logoua aso loulouā ma le malu afā.

Mafuaaga – E afua mai le vai o Logoua i le afioaga o Fa'ilolo.

Uiga – E iloa aso leaga ma le malu afa i le gaepu o Logoua.

Faaaogaga – E letioa a malosi le tuaoloa, ona na saili i Logoua aso louloua ma le faamalumalu o afa.

2. Ua Logola aso lagi lelei ma le mugala.

Mafuaaga – O le vai o Logola i le afioaga o Fa'ilolo.

Uiga – O le lagi lelei o aso e iloa i le manino o Logola.

Faaaogaga – Ua lagi lelei ma mugala le asō, aua ua le nefu Logola, ae ua iloa le toto'a ma le manino.

AGUGULU

O Le Sauai na Moemoenoa

Faatomuaga

Ua fausoloi tala e faatatau i sauai ua soo ai le atu Samoa. A pa'ū tonu foi le samala i le ulu o le fao i le motu lenei o Tutuila, e tele foi tala e faatatau i sauai. O le tasi lenei o tala i se sauai i le afioaga o Agugulu. Sa nofo i le afioaga o Seetaga le tasi, ma le anoanoa'i o isi sauai i ni isi o nofoaga. E tua i le laumea vale le tagata po o ni malaga moemoe noa. E ave avega o malaga e o'o i tulaga ia, aua e segia e aitu ni gapiā sa fai ma o latou oso. E mativa masaesae le tagata moe noa. E le tutu ni aiga i se faatalale, aua o le iviāi'a malosi o le aiga e tua i le vao ola i fagaga tetele ma fua o faatoaga.

Na fetalai le Tofa ia Mamae Seti Muasau i le tala i se sauai na moemoe noa, ae te'i ane ma fealualua'i solo i le fia tagolima i le tagata na savalia le aai. E ui lava ina faamemelo le alii i lona mamalu, ae ua le mafai ona taofi lona fia saili i tagata sii tuaoi. Ua ia aga'i ma le ita tele i le ala ma lāvea ai i se upega. O lea upega ua o se mailei ua faatogafiti ona fafau. Ua e'ē ma tagi leo tele le sauai e pei o se pu ma ua toetoe a uma lona ola, lea e mafua ai le alagaupu, **o le tagi a le pu mate**.

The Lazy Giant

Introduction

There are many tales about giants in Samoa. This story told to us by talking chief Mamae Seti Muasau is about a giant who lived at Agugulu and slept most of the time. One day the giant woke up to find all his possessions destroyed. The angry giant started to search for the culprit but in the process was trapped in a net, so he started to make all sorts of strange noises similar to the sound of a conch shell; that gave rise to the saying, *o le tagi a le pu mate* – the noise of the conch shell

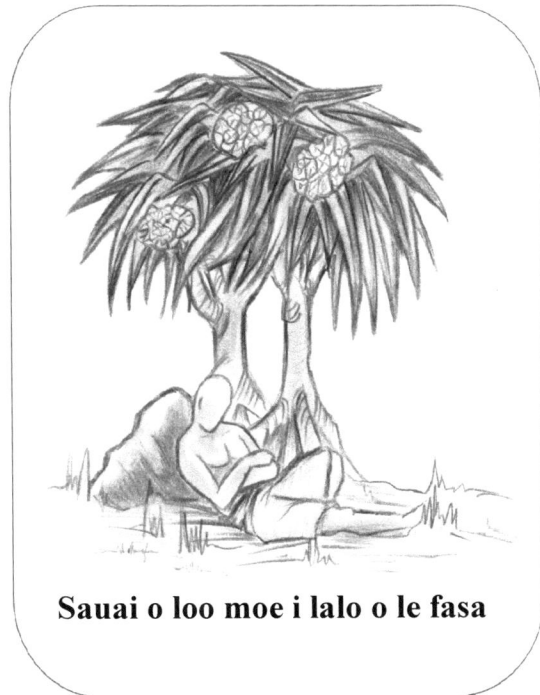

Sauai o loo moe i lalo o le fasa

AGUGULU

Manatu i Tala Tuu Taliga

Agugulu

E iai se tasi o afioaga na moemoe noa ai se malaga, ae segia e aitu a latou mea totino. Ai o le taagugulu leo tetele o le malaga ma ua matua le lavava i le sopo, na mafua ai ona le lagona se mea e gāsē i le po. E mau ni isi o taofi e faapea o ola o le malaga na segi, ae taofi ni isi o tamaitai o le malaga na ave faanana. Peitai, e ioe lava le finagalo o le afioaga, e malosi lava a latou pine faamau e molimau mo la latou talitonuga.

E le po se lilo i manatu tala aave i le tama na pa'ū mai le lagi, lea na segia mai Olofaga ma Matatala. O le tama sa faanofo i le nofoaga o le alii, ae tau savavali uma tulafale mai o laua aiga e tausi. O le tuai soo mai o Tutuila i 'ava pogi ma le aliitaeao, e afua ai le alagaupu **Tutuila le matemate**, talu le moemoe noa o le toeaina. Na maua ia Ape le tasi alagaupu, **o Ape moe manatunatu**, ona o lona mataala e tausi le tama na aliitai i ai le itumalo.

E sopolemalama malaga e laga i le tafa o ata. E asa le gasū o le taeao ina ia vave ona taunuu i le mea o loo faamoemoe i ai. O ni isi o malaga e moe alaala ma e masani ona laga i moa faasese malaga, lea

Considering Customary Lore

Agugulu

There was at the western part of Savaii a village that slept during a trip and giants took all their possessions. The traveling party was so tired they fell soundly asleep and did not hear anything. Some believe that the giants stole the travelers' souls while others contend they stole the women. But the village was firm in their version of what happened.

Similarly a well known story about the child who fell from heaven and was snatched from Olofaga and Matatala at Safata by two elderly men from Aana and made him their lord. The youth lived at a place called the seat of the lord, and the two orators walked all the ways from their villages each day to care for their new chief. Chief Tutuila one of the two orators was in the habit of arriving late to their morning ava ceremony earned him the name **Tutuila le mamate,** literally translated, Tutuila who did not anticipate, due to his laziness not alert to surrounding circumstances to prepare for the future. Orator Ape who on the other hand earned the title: **Ape moe manatunatu,** Ape the alert.

e vivini i le tuneva o le po. O malaga laga po e lava tapena ma lelei le malologa, a o malaga faiaga ma le moemoe noa e la ina pe timuia foi i le ala. O le sailiga malo a Lutu ma Solosolo mai le tasi pito o le itumalo o Atua, lea na toai taunuu i le pito i sisifo o le Falesefulu. Ai o le naunau o le malaga e fia maua se suavai magalo, na le mafai ai ona taofiofi lo latou fia taunuu i uta i le aai. O se itu na faateia ai le malaga, ina ua noa ma se tagata na latou maua, ae ua na o se sauai lea e moe taagulugulu i lalo o le fasa. E masalo o le fafati o auma o le sami ma le agi mālū o le fisaga, ua fai lea ma ala o le moe gapepe o le alii, e aunoa ma se toe te'i i luga. O se tasi lea o taofi o le afioaga, e afua ai ona maua le igoa, o **Agugulu.**

Ni isi Motuga Afa

1. E le'i iai se lagona o le malaga e faaumatia le sauai lea e fai lana miti malie i le afioaga o Agugulu. E le'i fotu a'e foi se manatu e osofai le sauai i le afioaga o Seetaga, ne'i tomua mala i le malaga ae le'i tau lau o le faamoemoe. O le ute o le malaga, o le fia saili o le sauai o Tui Feai, aua ua lologo ma aave tala o lona malo.

Trips in those days past had to start early in the morning in order to arrive at a destination. Some travelers were misled by the rooster crow at midnight but trips that left early almost always arrived safely and sooner than one that got a slow start, resulting in trouble on the way by bad weather. In the ancient time chiefs had to travel a lot to seek more territory whether in neighboring villages or islands. One such trip was taken by Chiefs Lutu and Solosolo from the district of Atua, who landed on the western shores of Tutuila. Upon arrival the party were thirsty and rushed inland to find water. They found no living soul except a giant who was snoring under the trees lulled by the waves and gentle breeze which gave the village their name Agugulu.

Additional Thought

1. The visitors had no intention of slaying the giant at Agugulu or Seetaga and let them rest uninterrupted. The real purpose of the visit was to find a giant named Tui Fe'ai whose reputation has reached lands far away.

AGUGULU

Auiliiliga o Upu

1. Aliitaeao – o le usu a tamalii i se alofi
2. 'Ava pogi – 'ava taeao
3. Ave avega – mala, malaia, faalavelave e tupu
4. Iviāi'a – ivi tu totonu o le i'a
5. Ute – autu, aano o le aso
6. Faamemelo – faapelepele, faananau
7. Faatalale – faatamala, le anoanoa
8. Fausoloi – tele, anoanoa'i
9. Fagaga – lafu moa, lafu puaa
10. Fasa – o le au aiga o paogo, lau ie, lau fala
11. Fisaga – matagi agi malu
12. Gapepe – vaivai, lologofie
13. Gapiā – afi i'a, oso o se Malaga
14. Gāsē – pa'ō
15. Gasū – sau o le taeao fou
16. Laumea vale – o lau laau mamago ua touulu
17. Moemoe noa – moe vaivai, moe loa
18. Po se lilo – ua iloa uma, e le toe natia
19. Sopolemalama – usu i le tafa o ata
20. Taagulugulu – manavanava loloa ma le leo tele
21. Tagolima – fia maua, fasi, faamoamoa
22. Tuneva – leva le po, taligoligoa le po
23. Vao ola – lelei faatoaga, sosia, tamaoaiga

Alagaupu

1. O le sauai na moemoe noa

Mafuaaga – E afua mai le sauai na moemoe noa i le afioaga o Agugulu

Uiga – E tua le moemoe noa i le malaia ma le faafanoga

Faaaogaga – E lelei lo tatou moe manatunatu, nei toai faai'a o le po le fili, talu lo tatou moemoe noa, e pei o le tala i le sauai i le itulagi lea i sasae.

SEETAGA

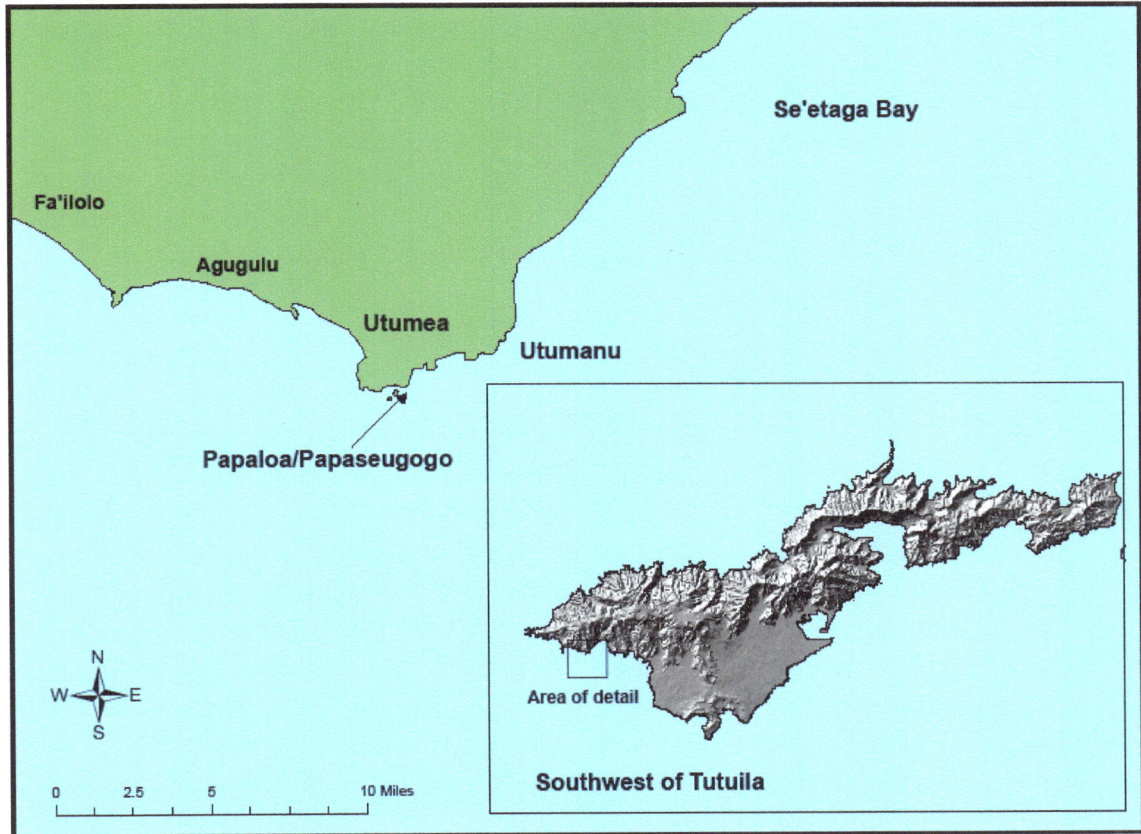

Papa Seugogo

Faatomuaga

E le masino le tele ma le anoanoa'i o papa e faatatau i ai talatuu ma tala o le vavau o le atunuu. O tala o papa e aofia ai Fogamaa ma Fagalua, ma le papa e seu ai manuula i le afioaga o Vatia e afua ai le alagaupu, **ia seu le manu ae tagai i le galu.**

E faapena foi se lagona i tala tuutaliga o le Falesefulu ma le Motu Sa. O tala e faatatau i papa

Tern Snaring Rock

Introduction

There's an old Greek adage: "Under every rock is a story," which may be properly apply to the situation here in Samoa due to the abundance of stones and rocks and the legends accorded to them. The boulders of Fogamaa and Fagalua together with the manuula snaring boulder of Vatia which gave essence to the proverbial expression "be cautions of the breakers as you snare the bird."

ua avivilu ai le faafofoga a le atunuu lautele. Na saunoa le Susuga i le Alalagafa ia Tauanuu Faisiota i se tasi o nei tala e faatatau i le papa seugogo i le Alataua, i le itu i sisifo o Tutuila. E iai le lagona, ua mafai i se taimi muamua ona tuu faatasi ni sailiiliga i sea mataupu.

Manatu i Tala Tuu Taliga

Seetaga

E taofi eseese finagalo i le aano moni o le igoa o lo latou afioaga. E ui ina muli auma eseese finagalo tupu ua taoto i lumāmea, ae foliga mai e tāga tasi uma nei mau i le igoa Seetaga. O le a ou le toe fagota la i le sao, pe ta i ama, ta i matau faalama ise se manatu, ae o le a ifo tonu le u o le tologa i se manatu e fitoitonu i le autu filifilia.

E tusa ma tala faamaumau, i le vaitaimi o tu le Malo o Toga i o tatou laufanua, sa iai ni faiga saua na afua mai lava i lo tatou motu tuaoi, se ia pā'ia Tutuila. E foliga e faigofie i se fua tele ona auvasa mai Tumuā ma tu laueleele i le itu i sisifo o lo tatou motu, ona e tai felataa'i ona pito motu. Atonu o se vaaiga lena na afua ai ona o'o mai tagata Toga i nei, ona o le malosi tele o lana fuavaa. Ai o le tetemū o lagona a o tatou tagata ne'i apoa faai'a o le po e le fili ma fasiotia,

The same feeling comes to mind when we speak of the rock legends of the Islands of Tutuila and Manu'a. One of these legends is found at the western tip of the Island of Tutuila at the Alataua County as told by high chief Tauanuu Faisiota.

Considering Customary Lore

Seetaga

Different opinions were offered from residents of Seetaga as to the origin of the name of their village Seetaga. Although statements varied but they all relate to the origin of the name Seetaga.

According to documented history, the Samoa Islands were ruled by Tongans with the exception of Manu'a. There was a time of cruel treatment that started from the western to the eastern part of Samoa. It would seem easy for a large fleet of war canoes to reach us from Upolu if we look at the geography of the Islands and the fact that eastern tip of Upolu can be seen from the western tip of Tutuila on a fine day. The war fleet of the Tongans established on the shores of Alataua west, the people were caught unprepared and panicked. The uncertainty of the villagers now unable to travel on the usual coastal paths, forced

na mafua ai ona taoma'i lagona fia ola saoloto ma saili auala e saogalemu ai. Na segisegi alofia ma tumamao alovao tagata i le ui ai i auala e lata ane i le talafatai, aua o loo lalago mau ai le fua a le fili, atoa ai ma lona togalauapi lea ua to i le aai. Na fia sopoia le isi itu o le itumalo, ae pagā ua siliga tali i seu se auala e laasia ai le isi itu. Ae ui i lea, afai ae pale le sopoaga ma taunuu i lugā aai, ona seesee malie ifo lea i lalo i loto aai lea o loo i ai o latou fale. O le see ifo o tagata mai tumutumu mauga, ua na o le pau lea o le taga e mafai e so o se tasi ona taunuu i le aai.

O le itulua o tagata anamua, na a'e ai se lagona e faatupu tele lona tautaua e ala i le taliga o ana sua i tagata, tulou. E foliga e le tasi se tagata o le atunuu e talitonu e toatele sa faapea a latou aga faasaualii, ina ia aua ne'i iai se isi e tausuai i lona malo ma ana pulega. O se sauai sa nofo i le pito i sisifo o le nuu lea ua igoa nei ia Seetaga. O lona maemae ma lona toatamai tele, na au ai lava ina fai ona aso i tagata ma ua avea ma tulaga uiga ese e matua faaeteete ai le tele o tagata o le nuu. E le mafai e se tagata ona aga pe alo tonu ona foliga i le alii, ae faatino i le taga o le see ma punou i taimi o auga aso. O loo iai se isi pito o le nuu e igoa **o le pausisi o pusasoo**, sa fai ma

them to flee to the higher grounds on the mountains which was more difficult but they had no choice. When the people reached the top they slide (*faaSee*) down to reach their homes.

In the obscure days past when superstition dominated the thoughts and actions of our ancestors, super or demigods were believed to reign supreme in their lives. Cannibalism ran amok among the islanders thus offering humans as sacrifice. Popularity spelt disaster even death to the commoner while the headman got the spoils and privilege. One such person used to live at the western end of the village now called Seetaga. His cruelty caused the villagers to fear him, as a result when people were brought before him to be sacrificed; the victim in their fright cannot face the giant but bowed and slid slowly towards him, thus the origin of the name **Seetaga**. According to some residents of the village, there is a section at the end of the village named *pa'usisi o pusaso'o* (translated spot of continuous smoking fire), at the alleged umu cook house location of the giant where the sacrifice are cooked each day.

Close to the beach of Seetaga is a long rock called Papaloa. The name is self explanatory because it

tunoa a le alii e faapusa ai suavai mo ana taumafa i aso taitasi.

E i gatai ane o le afioaga o Seetaga le papa ua tā'ua o Papaloa lea e iai talitonuga o papa seugogo. E mafua lona igoa ona o le papa e umi toe ua loa tausaga talu ona i ai. Sa faatino i lea papa le taaloga o le seugagogo ma maua ai le muagagana: **Ua pafuga le 'ā e pei o le faiva o le seugagogo, atoa ai ma le faailo e manu o le tuasivi taumafa o le gataifale.**

O se nofoaga ua igoa ia Utumanu e fai ma ofaga o manu felelei e faafeagai ma lea papa. A o'o ina lupepe le lauagogo ma ua le toe i ai se manuvale e lotoia ma toe sopo i lea vaega o le aai, o lona uiga ua lafulemu mea uma a o alofaiva i le seuga. E le soona gāsē alii seu, ne'i mea ane ua ilo vea i taga a le alii seu ona a'e fua lea o le seuga. Ai o le iilu ma le tatalu o mafaufauga o le alii seu ma lona soa seu e fia maua se 'ai o le seuga, e mafua ai ona seesee malie i luga o le papa ma le faaeteete, ne'i toe liliu le lauagogo. O le papa o loo i le loto aai e fesagai ma le faleaoga tulaga lua o le Alataua. O lea papa ua gausia le tele o ona vaega ma ua goto i le alititai.

means a long rock. There is also the belief that the hobby of tern snaring took place at the spot in the past which gave rise to these sayings: *Ua pafuga le 'ā e pei o le faiva o le seugagogo atoa ai ma le faailoa e manu o le tuasivi taumafa o le gataifale*. This is interpreted as, a group of people or in this case birds coming together with one mind and purpose to accomplish a task signified in the cry of '*a*' in unison telling the other birds on the mountain ridge that food is in abundance at the place where they are.

Opposite to *papa seugogo* is a place called Utumanu interpreted as a nesting place for terns. The majority of the village supports this version in which they claim that the rock referred to is the one opposite the Alataua-Lua Elementary School. Most of that rock has been eroded and sunk to the sink. In the olden days it was a sight to behold when a flock of terns flutter above the rock and no strange bird dare to interrupt a signal to bird hunters that the hunt is on. The movement of the bird snarers is one of caution not to scare the birds away. Thus another version of the origin of the name Seetaga (to slide slowly and carefully to catch the birds).

SEETAGA

Isi Motuga Afa

1. E tusa lava pe faitau eseese āuga o le au i finagalo faaalia o le afioaga, e pei o le faitau eseese a Tutuila ma Ape, ae faafetai o lea e matau uma lava i le auga e tasi ua fai ma 'au'au, a o se ute o le mafuaaga o le igoa Seetaga.

Auiliiliga o Upu

1. A'e fua le seuga – leai se lupe, leai se ai o le seuga
2. 'Au'au – vaega pito i luga o se fale, uluulu i ai se faaaloalo
3. 'Auga – o le faapogai, mafuaaga
4. Āuga – tafega o le au
5. Augā aso – sauniuniga o meaai
6. Alii seu – tagata seu lupe
7. Apoa faai'a o le po – lavea faafuasei, osofaia faatopetope
8. Avivilu – tagata puupuu, tagata saasaa, papaioa
9. Fagota i le sao – o le fagota i le laau e ta'ua o le sao
10. Iilu – manaonao, fia maua
11. Ilo vea - masalosalo
12. Ofaga – faamoega o manufelelei
13. U – o le fulu 'āū, tamai tao
14. Ute – aano, autu
15. Gāsē – minoi, pa'ō, laga vale
16. Lauagogo - lauamanu

Additional Thought

1. Although different versions were given, but they all tie to the origin of the name Seetaga.

Papaseugogo as viewed from Seetaga

Papaseugogo as viewed from Utumanu

17. Lafulemu – filemu, le gaoia, leai se pisa, ua to'a mea uma
18. Lotoia – faalavelave, toe faufau
19. Lupepe – faapepepepe, felelea'i
20. Maemae – fia atamai, fia malosi, fia poto
21. Manuvale – manulele ese
22. Muli auma eseese – siusiu o galu
23. Segisegi alofia – 'alo i mea e fai
24. Seuga – seuga lupe
25. Siliga tali i seu – fiu e tatali, mao luma
26. Soā seu – tagata e fesoasoani i le alii seu
27. Ta i ama – o le itu o le ama o le vaa
28. Ta i matau – o le itu taumatau o le vaa
29. Taoma'i – tatao, falute, taofi
30. Taoto i lumāmea – o se mataupu ua i luma o tagata
31. Tausuai – ula, faaulaula, ataata lafoga
32. Tatalu – mana'o, momoo, naunau, iloa
33. Tetemū – fefe, mata'u, popolevale
34. Tologa – o le taaloga velovelo
35. Tu mamao 'alovao – taumamao

Alagaupu

1. **See ia i tuasivi, ae 'alo i le fili.**

Mafuaaga – O le tala i le taua ma Toga, o auga aso, ma le seuga gogo i Seetaga.

Uiga – O le see malie ifo o tagata mai tuasivi o mauga, ma le see i auga aso.

Faaaogaga – O le a see ia o matou tagata i tuasivi ma 'alo i le fili, nei amia se ola i le fafa o saualii.

Muagagana

1. **See malie i papa, aua ua mamalu le lauamanu.**

Mafuaaga – O le seugagogo i le papa i Seetaga.

Uiga – Aua le soona gāsē, o lea ua lupepe le lauamanu po o le lauagogo.

Faaaogaga – O le a see malie i papa o matou vaa, aua ua mamalu le lauamanu i paia sautua o'o i le maota.

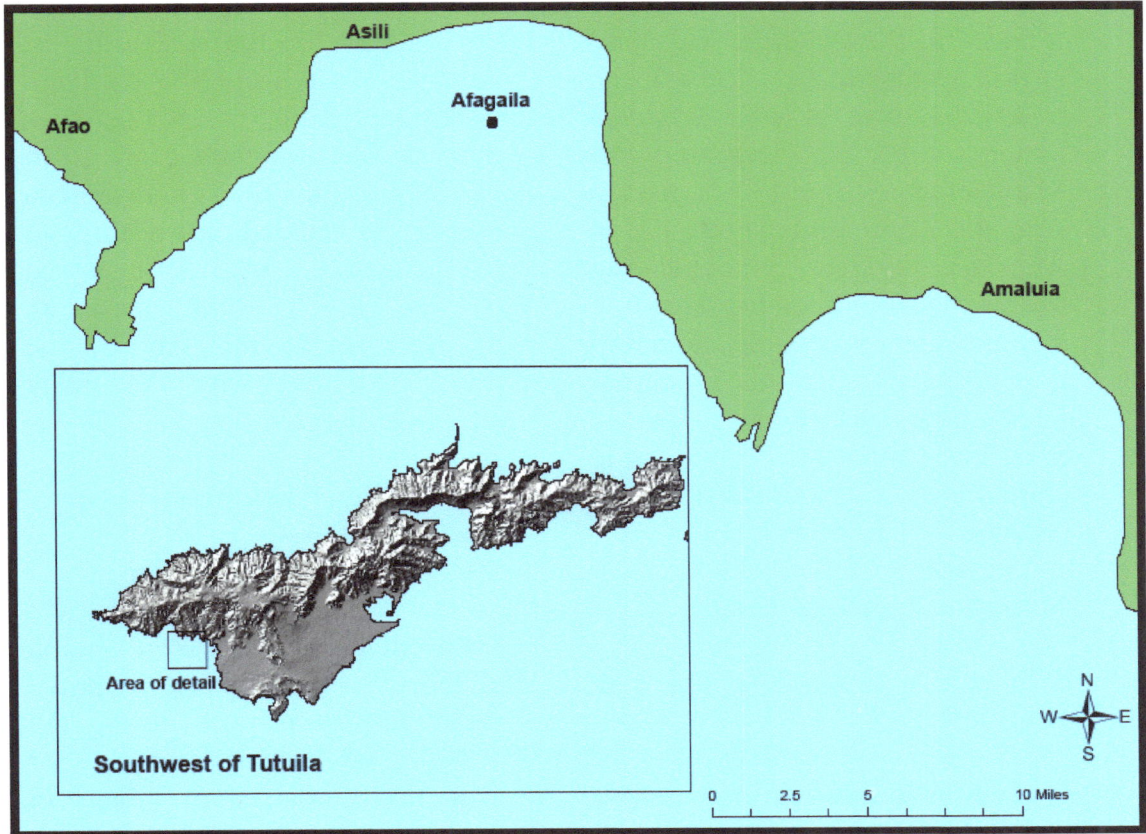

Southwest of Tutuila

O le Maa o Afagaila

Faatomuaga

E le tuugamau faaleiloga talatuu ma tala o le vavau o Samoa, ua fai lea ma vaega laualuga o so o se tuugaoa o afioaga eseese. O nei tala o le vavau, ua avea o se mitamitaga i so o se tagata Samoa, pe a faasoa lagona ma manatu i taimi o faalavelave eseese o le atunuu, o fesilafaiga ma so o se taualumaga, tainane o taimi paganoa e fevailia'i i upu o la ta vaogagana.

The Afagaila Rock

Introduction

The significance of Samoan legends without a doubt has become uppermost in the rich reservoir of folklore in each village. These tales of yesteryear have become a source of pride to Samoans during exchange of feelings and thoughts in any traditional event when they meet especially at leisure times when they seek answers from traditional wisdom of the past in response to the mysteries of the present.

O se lagona teuloto lena i le paia o le Faletolu i le Alataua, ae faapito augafa se faamatalaga i le afioaga o Asili, e tusa ai o le fetalaiga tumalele i le Tautootoo ia Maugaotega Savane. O le maa o Afagaila, ua o se tupua totino o le Aiga Sa Maugaotegā, e pei ona faamaumauina i auga tupulaga o le aiga ua saga mai apouli ma taooto mai tia sa. O se tupua sa tausisi lona tausia pea, atoa ai ma le afuaga o le anoanoa'i o uputuu o le atunuu e tiu ai faamatalaoa sea foi afioaga.

Manatu i Tala Tuu Taliga

O le Afu o le I'a i le Api o le Faga

E tali tofu le tele o afioaga ma se matūpalapala e fai ma pine faamau o se mea na tupu i aso o le taa saualii o le atunuu. Ua nofofale ia Satuiamaa i finagalo o afioaga faamatalaga e tali tofu ai nuu o Samoa atoa ma se i'a e a'e ai i o latou gataifale. O ni isi o afioaga e a'e ai le atule, agae laugutu mumu, igaga, manini, faatasi ai ma isi i'a igoā. O Asili i le Alataua i Tutuila, o se tasi lea afioaga o loo i ai lenei faamanuiaga.

O le maa o Afagaila, e fai lea ma toomaga o le i'a o le atule pe a sau i uta i le aloalo. O aso anamua i le soifua mai o tuaa o le aiga, a silafia

It is that feeling that is treasured in the hearts of the Faletolu, of Alataua West according to High Talking Chief Maugaotega Savane. The Afagaila Rock is an heirloom of the Maugaotega Family as handed down through the generations who have passed on. The rock has been taken care of, right up to this day by the family together with the many adages of Samoa.

Considering Customary Lore

Slaughtered at Apiolefaga

Each village has their own version of legends and evidence to prove some past occurrence during the period of superstitions. For example, almost every village in Samoa celebrates a certain fish species which is caught annually or at a certain time of the year. Species referred to include mullet, mackerel, and others. Asili at Alataua on the Island of Tutuila is one of the villages blessed with such an occurrence.

The rock Afagaila has become a resting place for the fish when it comes close to shore in the shallow waters. In the past when the time came for the harvest the rock is washed in preparation for the occasion. Only a holder of the Maugaotega title or a member of his family may do the honors of

ua o'o i le taimi e sau ai le i'a, ona fufulu ese lea o limulimu ma faataele le maa i aloi pulu. E le soona faataelea e se tagata o le afioaga, se'i vagana ai le tagata o loo nofoia le suafa o le Maugaotega faatasi ai ma le fesoasoani malosi mai o tagata o lona lava auaiga. Afai e iloa e le i'a o loo limulimua le maa ma palapalā, e le mafai lava ona sau i uta, se'i vagana ua faatino sea tulaga masani e le aiga. Afai ua tuai ona silafia e se suli o le aiga sa Maugaotegā le sau o le i'a, ona amata 'ati lea o le i'a. O aga ia a le i'a e faailoa mai ai lona pulunaunau, ua fia sau i uta i le maa lea e fai ma ona toomaga. E leai se falevaai e iloa ai le sau o le i'a, ae sa fe'a'ei tagata o le aiga i 'ulu i le tausiusiuga o le nuu e mata le i'a. Sa i ai ni faailoilo e iloagofie ai le i'a, ona amata tapena lea o lau ma laau e masania'i le aiga mo le faataliga o le i'a.

O le maua ai o le avanoa e sau ai le i'a i uta, ona nofonofo ai lea i le toalemu o le aloalo. Ua avea le matagofie ma le malū o le aloalo, ua galo ai i le i'a, o lea ua faasolo ina mou atu le tai ma ua aliali amu. Ua papau foi le aloalo ma ua le mafai ai e le i'a ona toe alu i tai, ona fai lea o le loto ua ta'ua o le **Apiolefaga** ma nofoaga autu e taotooto ai. O le nofo ai o le i'a i lea loto, e maua ai le upu **o le**

bathing the rock. According to the legend the fish will never come to shore if it was aware that the traditional washing of the rock did not take place evidenced by algae or dirt on the rock. If Maugaotega or his family forgot about the coming of the fish, it frets impatiently signifying its desire to reach its resting place.

In the absent of a watch tower, members of the family climb on breadfruit trees at the end of the village to monitor the coming fish. There are indicators informing the family to start preparations of traditional nets as the fish heads towards shallow waters.

Once the fish reaches the shallows, it succumbs to its calmness. While enjoying the still waters, low tide approaches and traps the fish at what is called Apiolefaga. Being trapped at this place gave an expression *o le afui'a*, translated as the fish being slaughtered. The distribution of the catch is not limited to the villagers but also to neighboring villages and travelers.

Additional Thought

1. The Afagaila rock maintains the Maugaotega family tradition and serves to commemorate this natural occurrence.

'afui'a, aua o le 'afu lea o le i'a, o le maua i le tai papau.

E sopo i tuāi'a ma tuasivi o mauga, tainane le lauoneone o matafaga le tele o malaga i aso anamua. Afai e sopo mai sisifō e aga'i mai i Fofo ma le pito i sasae o le motu a o a'e le i'a, e tufa fua i ai e le afioaga o Asili e fai ma gapiā o la latou malaga. E leai ni pusa aisa e tuu i ai i'a i aso ua mavae, pe fesuia'i foi i ni tupe, aua e le'i taitai ona maua ni tupe e o tatou tuaa. O le pogai autu lena o le tufa o i'a i soo se malaga e laasia le afioaga i vaitaimi ua tuanai, ona o le manumanu ne'i leaga le i'a ma le aoga i se taumafa.

Isi Motuga Afa

1.O Afagaila, o se maa e faamanatu ai pea le tupua sa tausi e le Aiga Sa Mauogategā i le tele o tausaga ua mavae. E iai le talitonuga, pe ana fai o loo tausi pea e le aiga lea vavau o le afioaga, e le taumate le sau pea o le i'a i tausaga taitasi. E faatolu ona a'e le i'a i le tausaga ma e le patino i se masina e tasi.

Auiliiliga o Upu

1. Aloalo – vaega e lafulemu o le sami, o le tai papau
2. 'Ati – lilivau, manao e o'o i ai
3. 'Afu – iuga, faaiuga, maua taitaia
4. Faailoilo – iloa, faailoga
5. Falevaai – fale e vaai ai le i'a, fale e seu ai lupe
6. Loto – lotoloto, sualiu i totonu o le fatuati
7. Matūpalapala – faamanuiaga i se tautua
8. Nofofale ia Satuiamaa – mau i finagalo, mauaa i le loto
9. Paganoa – taimi avanoa
10. Pulunaunau – fia maua, fia o'o i ai, tulimata'i, vave ona taunuu
11. Saga mai apouli – lagomau i tiasa, feoti, tuumalo, usufono, maliu
12. Suli – feoi, tagata o aiga, tautoto, tauivi, tauaano
13. Tiu faamatalaoa – o se mea e mimita ai
14. Toomaga – nofoaga e mapu i ai
15. Tuai'a – tuasivi o le mauga
16. Tuugamau faaleiloga – e iloa uma e tagata
17. Tuugaoa – o manatu o tagata, tofa ma le faautaga
18. Tupua – tapua'iga tausi, o se mea lilo o loo teu
19. Vaogagana – upu sao e faaaoga

ASILI

Alagaupu

1. Ua 'afu le i'a i le Apiolefaga.

Mafuaaga – O le i'a a'e a le afioaga o Asili.

Uiga – Ua maua taitaia le au i'a i le aloalo.

Faaaogaga – O upu lava e fai i malae o le nuu, o le 'afu lava o le tagata e soli vavao e savali i le ala, e pei o le 'afu o le i'a i le Apiolefaga.

2. A limua le maa, e tua i le 'ati o le i'a.

Mafuaaga – O le i'a a le aiga Sa Maugatega i Asili.

Uiga – E le mafai ona sau le i'a i le aloalo, pe a limua le maa.

Faaaogaga – A alualu suaga o le vaatele ae afaina le feagaiga tausi lea, e tua ia te outou le finagalo o le nuu, e pei o upu o le malae lenei, a limua le maa, ua 'ati le i'a.

Maa o Afagaila

LEONE

O le Mauga o Alii

Faatomuaga

Ua tele anoanoa'i tala e faatatau i mauga mu, mauga solo ma mauga e faatupu i mana faasaualii. Peitai, e le mafai ona 'aui pe taai faata'ui mau i lenei sailiiliga ni faalumaga sa tuu lima mai e ni isi o tootoo, a o totoma le laumua i aso ua sola. O le Mauga o Alii, e aumai ai ni faailoilo o le tuumalo o se tamalii o le afioaga pe a o'o ina lagona le solo faatata ifo i lalo o ni isi o ona vaega. E le matemate lima faiva o Pausisi, le totogo a'e o lagona osofia o le afioaga i lea mau, aua e le 'asa lava lenei solo gaoma leotele ma se mea e tupu.

O loo tupu pea i le asō lenei mea, e pei ona fetalai ai Salavea Miki. E le tasi foi se faailo e iloa i le aai, e pei lava o isi foi afioaga. O lea lava tau lotoaiga o atu mauga, o loo i ai se ana tele e maua ai ni maa faapitoa e foliga e tagitagi totonu pe a faafetoai ma ni isi maa. Atonu o le tatagi o nei maa, e faaopoopo i le taalili leotele o le pa'ō lea e lagona i taimi o faailoilo. O le mea e sili ona ofo ai tagata o le afioaga, ona e fotuae mai malama o le taeao sesegi, e le vaaia faatasi se mea e solo pe na gapā i vaega o le mauga. E mulimuli ane i ni nai aso, ua ufitia le aai i le ao pogisa ma le laumea e

Mountain of Chiefs

Introduction

Many legends and stories about volcanoes, slides and mountains that were created by the power of giants are popular and on the record. But we will not take for granted what has been generously related to us about a certain mountain called, *Mauga o Alii* or Mountain of Chiefs at Leone because of its role in signifying the passing of prominent chiefs.

According to Salavea Miki, the same phenomenon happens to date, but that is not the only omen similar to other villages. In the middle of the same mountain range there is a cave with peculiar rocks that make a bell sound when they contact each other. The same sound combined with the sound of the bells to signal the death of a villager make funeral more solemn. What amazes people is, despite hearing the sound of the mountain slide, no evidence can be seen.

Considering Customary Lore

The Making of Stone Tools

Our ancestors did not restrict their search for tools for different purposes for everyday living. Those tools included sharp stones

LEONE

pa'ū i le savili i le pule a le oti.

Manatu i Tala Tuu Taliga

O Tataaga Matau

E le i taofiofi mamau le silafia fetuunai o tuaa ua fai i lagi le folauga, e tusa o la latou sailiga o ni mea faigaluega eseese e faaaoga mo le soifua o tagata. O nei mea faigaluega e aofia ai ni tamai mea maai e foliga o ni naifi, o to'i maa laiti, atoa ai ma mea faigaluega mo fauga fale ma tāgā vaa. O le sausau, to'ū ma le to'i fafau ni isi o mea faigaluega sa faaaoga e tufuga mo ia faatufugaga. O le fetāla'iga o le uta a le poto i finagalo fetuutuunai faamuniao a o tatou tuaa, na latou fafauina ai ni mea faigaluega e faaaoga ai maa, laau, afa, fulu o manulele, amu ma atigi figota o le sami.

O Tātāga Matau, o se vaega lea o nei atumauga o loo i ai se ana e tumu i maa e gaosi faapitoa ai nei mea faigaluega. Sa foa e tufuga tāmaa maa ma olo ina ia maua tonu foliga o mea faigaluega eseese. Sa faaaoga le malolosi o toeaiina e olo ai maa faa-lamolemole ma faapipii i ni au laau ma faufau i 'afa ua māe'a ona filitagaga. E le i ela se matau a tufuga tāma'a i le faaaogaga o mea faigaluega taitasi e fitoitonu i le galuega o loo fia fai. O mea maai laiti sa faaaoga mo faiva, ae o to'i

shaped like knifes, axes, and other tools for building houses and boats. The wisdom of our forefathers made use of materials from the environment including stones, wood, birds' feathers, coral and seashells to name a few to make instruments for everyday use.

Rocks from the cave were used in part for making stone tools. Tools of stones in different shapes and sizes were produced. Raw strength was used to grind and smooth the tools to be tied to woods with the sinnet from coconut husks to be used in their daily chores. Smaller tools were used for fishing, while others were used for building.

At Sogi in the village of Leone is a place called Fagalele. Rocks from lava flow make up most of this area, where some hollows in the form of bowls are found. At high tide the rocks are full of seawater where fish are caught. These are different from hollows built with coral by women to catch fish. The word *fatuati* is derived from this method, (*fatu* another word for stone, and *ati* to build). The small hollows are also used by the old women as a holder for their baskets when the tide ebbs. When the tide returns the baskets float all over and are lost, thus the saying: *ua le toe tu se ola,* "no basket holds" or "all the baskets are lost".

39

maa sa mafuli lona faaaogaga i galuega o fauga fale ma tāgā vaa.

E i le pitonuu o Sogi se vaega eleele ua igoa ia Fagalele. O se vaega o papa sosolo o lea ogaeleele, e iloa ai ni vaega faaofuofu e foliga o ni umeke. A sua tutu'i le tai ona tutumu lea o nei faaofuofu ma foliga o ni tamai loto e fai ai ni paluga i'a. E ese loto ia ma loto e ati i amu, lea e maua ai le upu **fatuati**, e fau ae toe solo pe a te'i le tai. E faaaoga foi e loomatutua nei loto e tuu i ai i totonu a latou ola pe a o'o ina pe eleele ma sola le sualiu i tuaau. A sua le tai ona tafefea lea o ola ma maua ai le muagagana **ua le toe tu se ola**. Peitai, o loto o loo i luga o nei papa sosolo, sa faaaoga e faasūsū ai maa ia e olo mo nei mea faigaluega. Sa fesoasoani le sua sami i le oloina o nei maa. Sa i ai foi ni vai fetafea'i i uta i le ana ma nofoaga tau lalata ane e fesoasoani e faamalu ai aao o tufuga tāmaa. Peitai, a le suasua vai papa ma ua mamate vai ālia, ona faaaoga lea o vai āgia ma vai o nei loto faaofuofu e fesoasoani ai mo le gaosia o nei mea faigaluega.

These small pools of the rolling lava rocks were also used to cool grounded rocks for the tools. There were also freshwater streams that flow in the cave or close by to cool the hands of the grounders. But when the streams dry up, seawater from the hollows and lagoon are used for the purpose.

Additional Thoughts

1. Nothing at this stage is said of omens to signal the deaths of high talking chiefs, women or children. The reason for the omens reserved for high chiefs is because of the reverence accorded them in the culture.

2. It is recorded by some archaeologists that the rocks from Tataaga Matau (making stone tools), and Tutuila in general are of a better quality than others in the Pacific.

Ni isi Motuga Afa

1. E le o patino i le taimi nei ni faailoilo o ni usugafono a ni tulatoa. E o'o foi i maliu o fafine po o le malaia o ni tamaiti. E aga'i tonu le su'iga o le mata o le niu i faailoilo o se tuumalo o se tamalii. E afua ona faailo na o tamalii, ona o i latou e utu tumu i ai faaaloaloga o afioaga taitasi.

2. Ua tusia e saienisi suesue o le eleele pine faamau o maa mai Tātāga Matau ma Tutuila e anagata na i lo ni isi maa o le Pasefika.

Auiliiliga o Upu

1. 'Aui – ta'ai, afifi, faapulupulu
2. Anagata – taugata, maua gata
3. Umeke – tanoa fai meaai
4. Uta – finagalo a se matai
5. Utu tumu – taumasuasua, faatumu
6. Faamuniao – fetuutuunai
7. Faatata – aga'i tonu i ai
8. Faatufugaga – tomai i se galuega, matuaofaiva o se galuega
9. Fatuati – pa e ati i amu
10. Filitagaga – afa ua uma ona fili, ua tasi le fīliga
11. Foa – tata'e
12. Gaoma – mou malie atu, tau alu a'e
13. Gapā – fafati, gaui, pa'ō faafuase'i
14. Laumea e pau i le savili – oti, maliu, tuumalo, usufono
15. Matemate lima – tuu fesilisili, tau matemate
16. Taai faata'ui – taaiga toga
17. Totogo – tupu a'e, ola a'e
18. Totoma – saili toga, sue toga, saili upu, sue upu
19. Tufuga tāmaa – tufuga fau mea faigaluega
20. Vai āgia – va o papa i le sami
21. Vai ālia – vai eli
22. Vai papa – vai e puna mai le papa

Alagaupu

1. E faailo e le Mauga o Alii tala o le aai.

Mafuaaga – O le solo o le Mauga o Alii i le afioaga o Leone.

Uiga – A solo le mauga, ua tuumalo se alii.

Faaaogaga – E letioa a ufitia le aiga nei i le ao pogisa, ona ua faailo e le Mauga o Alii tala o le aai.

2. E anagata maa o Tātāga Matau.

Mafuaaga – O le ana i le Mauga o Alii lea e maua ai nei maa.

Uiga – E silisili le taua o maa nei, i le gaosia o mea faigaluega.

MALAELOA

O le Malae na Tafagaloa

Faatomuaga

O malae ma tupua tausi o afioga ua o ni measina ia e silisili lona taua i so o se faalavelave faasamoa. E agiga i lumāmea igoa o malae pe a o'o ina fetogia'i faasoi o tuaoi ma tuualalo le I'a Sa a le Aiga Sa Saumani i se faatau paia ma le sivaloa o se saofaiga. E lagona foi leo o malae pe a o'o ina manufulu ula le soā se saunoaga po o se tanoa a se tapaau, a o ni vagana ma ni fetalaiga tumalelea a le 'autalaia ma fueloloa o se afioaga. O ni isi o afioaga e sili atu ma le tasi ni malae fono ma e usuia pe a o'o i ni tulaga maualuluga, e pei o fono tauati, o se faafotu alii o se tupu, o ni taliga malo, o se toai taunuu o se ekalesia ma ni isi faalavelave tauoloa o se afioaga. O ni isi o malae e maua i tala o taua, o ni matūpalapala na to e ala i ni faauoga, po o ni mavaega a se tupu e ala i se tautua matapalapala ua afu sisina.

O se finagalo faaalia lena i le Afioga i le Malu o le Fale po o le Tofa i le Tama Matua i le Tapaaulefano ia Tuilefano Vaelaa Tuilefano, e faatatau i le malae na tafagaloa i aso anamua ma sa leai se tasi e faitau i ai. Sa noa ma se finagalo o se tagata e faatatau i lea malae, aua e le gata o le talaloa o

The Long Forgotten *Malae*

Introduction

A *malae* or traditional meeting ground is one of the cultural treasures of Samoa which is kept in the heart of every person in the village, county, district and the entire Samoan group from Manu'a to Savaii. Knowledge of a *malae* is an integral part of a village and district salutation upon the selection of a potential candidate vying for a matai title. It is used in any speech during cultural events such as title bestowing, funerals, weddings and others. In some villages there are more than one area designated for this purpose depending on the type of function and status of the people involved. Some malae were awarded as a result of service, bravery in war or marriage into a family.

High Talking Chief Tuilefano Vaelaa Tuilefano said his village malae has been abandoned and nobody noticed it because not only was it was a huge area but the thick forest was difficult to access through the mountains. Years gone by until people of Aitulagi County realized the presence of the *malae* that covered the whole mountain and flat area at its foot and from then the name of the village Malaeloa was born.

le vaomaoa, ae o le lavelave o le filifili o le vaosa i atumauga o le afioaga. O le alua'i o le soifuaga atiae o tagata o le itumalo Aitulagi, na latou silafia ai o loo i ai se malae ua loaloa tausaga ma aso o tafagaloa i le vao matua ma auvae mauga. O lea ua mafua ai ona maua le suafa o le afioaga, o **Malaeloa**.

Manatu i Tala Tuu Taliga

O le Vaosa ma le Vaisa o Tui Feai

E foliga o le upu Tui i suesuega i talatuu ma tala o le vavau, ua o se tupu o se itumalo e aliitai uma i ai tagata o sea vaega eleele, po o le fai foi ma o latou atua e momoli i ai ni osiga taulaga. Ua lologo Samoa i tala aave tusitusia e tagata e faatatau ia Tui Manua, Tui Aana ma Tui Atua, ae itiiti faamatalaga ia Tui Feai, ona o loo auafa mau ma faapolopolo faamatua moepo finagalo i tuugaoa a tuua ma toe ulutaia o afioaga taitasi.

O Tui Feai o se alii sa iloga ona tala i Samoa anamua. Sa mau le alii i le tumutumu mauga o le itumalo Aitulagi ua igoa ia Olotele ma Manunu. E iai le lagona o Tui Feai o se suli o le motu o Manua na auvasa mai ma nofo i gauta o mauga ia, atoa ai ma le fai usuga i tamaitai o sea vaega o le aai. O le a taoto ia la faagalu le fati usuga nei,

Considering Customary Lore

The Sacred Forest and Spring of Tui Fe'ai

According to research and interviews conducted the word TUI was a god or king figure who was head of a district, worshipped and revered by people of that area. Stories about Tui Manu'a, Tui Aana and Tui Atua are common knowledge among the Samoans but little is revealed about Tui Feai. This is due to the secrecy in which such matters are kept by the orators concerned for fear of being manipulated by others who are not related to such privileged information.

Tui Feai was famous during the ages of bloodshed in Samoa generations ago. He lived on the top of a mountain called Olotele ma Manunu at Aitulagi County. There is a theory that Tui Feai came across from Manu'a, settled on the mountains and married women who lived at the area.

During Tui Feai's time people revered him. Work on cultivating the land for plantations or cutting wood for building houses or boats were done with caution as though people were under a spell. No noise was heard unlike the usual Samoan way of talking, singing when going about their daily

ae faga tonu le malama i tu ma aga a le alii na mafua ai ona logologoa ona ia vaitaimi, a o soifua mai tuaa o le afioaga o e na mua i malae ma la latou sailiga malo.

O le nofo ai o le alii i nei tumutumu mauga, sa le mafai ai e tagata ona soona pisa pe vāvāo tetele pe a galueaina fanua ma laueleele mo faatoaga. A tafili foi pe tavao le vaomatua mo faatufugaga o le fauga fale ma tāgā vaa, e le mafai lava ona saoloto se ususu pe gaoma a'e i luga se leo faaumu. E fai malie le faiva i gafa ma matafaioi ua totofi ai tagata o le afioaga, aua ua tapu eleele sa ma faiga o le alii ua maea tuulaupua i lea vaega o le vao. E leai se tagata e toe galue pe a soliata le la i aso taitasi, se'i vagana ua faliu le la, ona toe amata foi lea o galuega se ia o'o i le pale o le la o le tauafiafi. E ui lava ina momoo ma nanau faataiofafineleavi tagata ina ia totope galuega o le aso, e le mafai lava ona solia tapu ia o le eleele ma le vaosa o le alii.

Sa iai le vai sa faamalu ai le alii e taua o le **Vaisa**. E sa taputapu se tagata ona taele ai. O le tagata e laasia lea laina tuaoi, e matua fano lava i le malaia. E i luga lava o atumauga nei ni isi vai ua igoa o vaitele ma vai fetafea'i e faaaoga e tagata e ta'e'ele ai pe ga'ō'ō ai ni taumafa mo a latou tausiga ma le faasiliga malosi o le tino. E i le

chores, everything was done in silence according to the taboos laid down by Tui Feai. A certain time of the day is designate for the start of work towards dusk till darkness.

There was a bathing pool for the chief called *vaisa* (sacred pool). No one else was allowed to use it for fear of death upon discovery. There are other pools named *vaitele* and *vai fetafea'i* on the top of the mountain used by the villagers for bathing and food preparation. There is also a special area known as Oloava (ground *ava*) for grinding *ava* for the chief and it seemed some guardian demons prepare *ava* for Tui Feai.

An area called Tuaulu at the County is specifically set aside for preparation of Tui Feai's meals. People are tied and taken to the top of the mountain where the chief resided as human sacrifice. Sometimes when Tui Feai visited the village usually unannounced everyone knew because of the dirt found in every house of the village in the morning, or after fishing when people woke up to find sand in their houses but no one dare voiced objection for fear of the consequences.

vaega o nei atumauga se nofoaga faapitoa na olo ai 'ava o aliitaeao a le alii. Ua igoa lea mea o **Olo'ava** ma e foliga o ni ilamutu o lea eleele e usu faaaloalo ma usualele i alofi o le alii.

O **Tuāulu** o se vaega o le itumalo sa tapena ma folifoli atu ai aso o le alii. E tootu ma tuoma tagata aga'i i luga o tumutumu mauga i le mea o loo afio ma faasa'osa'o ai le alii. E iloa lona asiasi mai le aai pe a malama le taeao ua palapalā uma totonu o fale o le afioaga, pe lau oneanea foi pe a o'o ina taliu mai fanua sona faiva ma lana faatamasoaliiga. E leai se tagata e pisavale pe fesili le 'aina i le mafuaaga e palapalā ai maota ma laoa o le afioaga, aua ua silafia uma le pogai autu o sea mea ua tupu. E pau la latou taga e fai, o le salu mālie o le oneone i fafo e aunoa ma se toe faamatalaga e mulimuli mai.

Aso o Tui Feai

Isi Motuga Afa

1. E le'i iloga se vaitaimi na ifo ai aso o le alii, e pei o tala i le ifo o aso o le aiga Sa Malietoa. Ai lava ua pulapula la goto ma afu lelea le soifua o le alii, ma avea ma tulaga ua 'iva ai ma tusegi ona taimi saua ma le matautia.

2. E le na o le afioaga o Malaeloa ma le itumalo o Aitulagi sa tautua

Additional Thoughts

1. There is no word about the time when human sacrifices ended compared to a similar legend about Malietoa but we may assume that it continued until Tui Feai's death.

2. It was not only the village of Malaeloa and Aitulagi county that served Tui Feai but also the Ituau o Tofiga County.

i le alii. E o'o foi i le itumalo o le Ituau o Tofiga, sa latou faia uma le faiva alofilima aga'i le malo o Tui Feai.

Auiliiliga o Upu

1. 'Autalaia – tulafale popoto
2. Auafa mau – taofi mau, afifi mau
3. Agiga – iloa, silafia
4. Aiga Sa Saumani – aiga e tasi
5. Ilamutu - mana e mafai ona liu tino
6. Ususu – faaumu
7. Faamatua moepo – lupe fafine e tatao i ona fualupe
8. Faliu le la – ta o le tasi i le aouli
9. Fetogia'i faasoi o tuaoi – tau'aiga o soi i tuaoi o fanua
10. Manufulu ula le soa – maoae, matagofie
11. Pale le la – ta le lima i le afiafi
Saofaiga – faapotopotoga o ni tagata
12. Sivaloa – faatau paia, saili le tofa ma le utaga
13. Soliata le la – ta o le sefulu lua i le aouli
14. Tafagaloa – le iloa
15. Tafili – tavao, saili, su'e
16. Talaloa – togavao, tuavao
17. Tanoa – saunoaga a le tamalii po o se faifeau
18. Tuoma - tulei, uunai,
19. Tootu - saisai, fusifusi, nonoa
20. Toe ulutaia – tagata matua, pulapula la goto le soifua
21. Taiofafineleavi - faiva o tamaitai, tai o tamaitai
22. Tapu - sa, vavao
23. Tuulaupua - alafua

Alagaupu

1. O lea ua ou lata i le vaosa o Tui Feai.

Mafuaaga - O le tala ia Tui Feai.

Uiga - Ia faaeteete aua ua mamalu le saofaiga.

Faaaogaga - Ua atoalio le masina i lena talaga, aua ua mamalu le aso e pei o le Vaosa o Tui Feai.

2. O le Vaisa faaoso manao, ae lilia ne'i fano.

Mafuaaga - O le tala ia Tui Feai.

Uiga - Manao i le ufi ae fefe i le papa.

Faaaogaga - E Tagaloatusi oe, ma e ui i lo'u manao, ae ou te li'a ne'i ou fano i le Vai o Tui Feai.

Muagagana

3. E fai foi o le naunau i le vao, ae fefe i tapu eleele.

Mafuaaga - O le tala ia Tui Feai.

46

MALAELOA

Uiga - O le sa a Malaeloa pe a soliata le la.

Faaaogaga - E ui i lo'u naunau fia seu, ae faigata tapu eleele o lo tatou va nonofo.

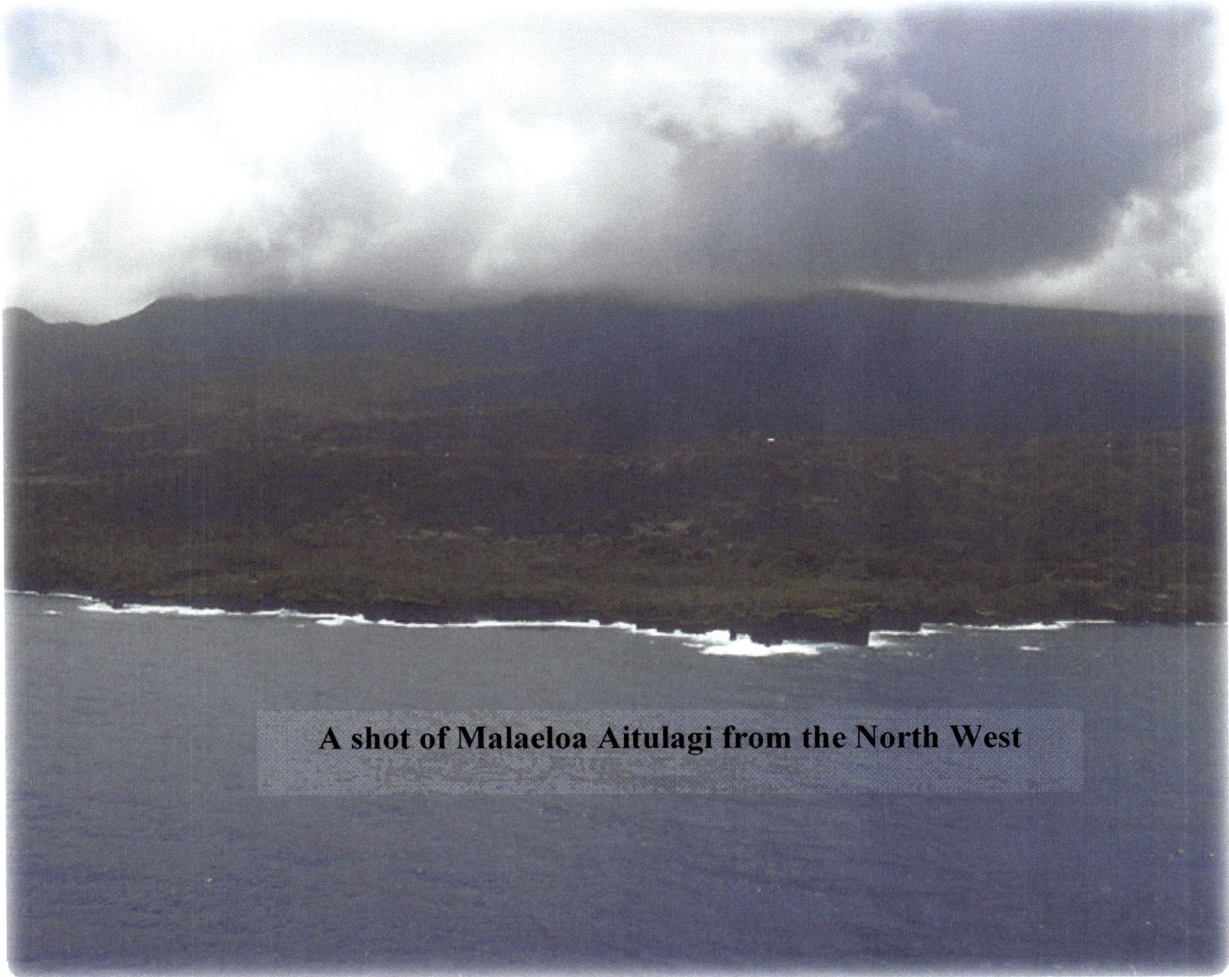

A shot of Malaeloa Aitulagi from the North West

FUTIGA

O le Tootoo ma le Ulafala

Faatomuaga

E le natia ma le lāina le anoa o le taua o le atipouniu i faiva o le lauga ma gafa faatulafale. E vaavaalua le tootoo ma le upega lauga e momoli ni manatu, a o se finagalo ma se faautautaga sa feliua'i faalaau mamafa i se tulafale. O se tulafale mata alia ma le poto, e moe manatunatu ma tapena lona lotoifale mo se faamoemoe o loo lupe i se malama o muamua. E le moemoe noa ni ona faiva faafaleupolu, ne'i faaluma ona aiga ma lona tofi o le fetalai. Atonu o se vaaiga faapena sa iai i le tootoo o Tui Atua lea e logologoa ai tala o le afioaga o Futiga ma ni isi o vaega eleele o nuu tuaoi.

E salani laei o se tulafale i se ulafala e vaa see tolu i ai le atoaga o ana teuga faafailauga. E mafuli le talitonuga o le atunuu, o le ulafala a le tulafale ua igoa o le Tuiveevee, ae o le Tiumasalasala le ula e patino mo tamalii. E le mafai ona lauga se tulafale i se ulafala. E to ese le ulafala ona fetalai lea i lona tootoo ma ta sasau lona fue i se lauga e tau malae. E to ese foi lana ula i se lauga i totonu o se anofale o se maota, ae faaaoga na o lona fue e fai ma upega lauga. E mafua sea tulaga

The Staff and Pandanus Necklace

Introduction

The purpose of the *to'oto'o* or wooden staff used by orators or talking chiefs has been the topic of many discussions, since there are more than one version of this important tool of the culture used in major events such as title bestowal ceremonies, funerals and others. The other part of the orator's attire that goes together with the staff is the whiskers made of coconut sinnet from dried coconut husks. The story of Tui Atua's *to'oto'o* must have drawn a lot of attention in those days past at the village of Futiga and neighboring villages.

To complete the traditional dress of the high talking is the red necklace of ripe fragrant pandanus fruits. Two names are given the necklace when worn by the high chief or the orator. The one worn by the *tulafale* is called the *Tuive'eve'e* and *Tuimasalasala* when worn by the high chief. The orator may not use the necklace while making the traditional speech on the *malae* but he usually takes it off before speaking. Some believe that high chiefs did not use the whisk only the staff. However, according to Tuifuefue Miti McKenzie, Tui Atua did not use

ona na o le tootoo ma le fue aupega o le lauga sa fai ma anava fetalai. Peitai o le fetalaiga i le Tofa ia Tuifuefue McKenzie, e le'i faaaoga e le alii se fue, vagana lana ulafala ma lona tootoo e fetosoa'i solo i magā ala

Manatu i Tala Tuu Taliga

O le Vaiutuitua le Matupalapala

E iai se talitonuga o lenei sailiiliga i se faiā tulalata o le Tui Aana i le afioaga o Iliili ma Tui Atua i le afioaga o Futiga, ua o se masaga. Sa aumau Tui Atua i le loto aai o le afioaga o Futiga, i gauta ifo o le malae taalo o loo i ai nei. E le soona tafiti se tagata, aua sa mata'u uma lagona, ne'i mea ane ua eu e le alii i lona tootoo ma ma'i tigaina ai. E faasasau tele le toatamai o le alii i se tamaitai e enaena lona lauao pe faatautau foi a o savalia le aai. O tapu nei ma sa o le aai e le mafai lava e se tasi ona alofia i se ataata o se laau mafala, aua sa i itu uma o le afioaga le agaga faasaualii o le Tui Atua.

Afai ae gasegase se tagata ina ua lavea i le tootoo o le alii, ona aliitaeao lea o tapaau ma usualele tulafale i se alofi e momoli ai se manaoga tupito aga'i i le nofoaga o le alii. E faatino le tau aaoina o le ipu ma le 'ava taumafa a le alii i le u i ai o le tua o le tautu 'ava, e

the whisk but only his red necklace of ripe pandanus and his staff.

Considering Customary Lore

The *Vaiutuitua*

There is a belief that the Tui Aana of Iliili village and the Tui Atua of Futiga were brothers. Tui Atua lived in the middle of the village of Futiga inland of the present village green. Tui Atua was feared and honored in the village and neighboring villages because of his power when anyone dared violate or challenged the taboos which governed the entire village and adjacent land. Many people who were unfortunate to taste the staff whether by choice or accident testified to the truth of the legend some were not so lucky and allegedly died by Tui Atua's staff. One other taboo which has taken a lot of toll concerns beautiful women with brown hair who let their hair hang loose while walking around the village.

If a person is affected as a result of violating the Tui Atua taboo, the village council conducts an *ava* ceremony during which a delegation will deliver a request from the council to Tui Atua for forgiveness on behalf of the victim. When the *ava* for Tui Atua is delivered the server walks backwards to Tui Atua taking his

aunoa ma le alo i ai o foliga. A faalogoina loa ua gogolo le leo, o lona uiga ua talia le taulaga, o le faatoesega ma le manaoga, ona fofo loa lea o le ma'i ma iu manuia ai. E tatau i le taulealea e solia le alofi ona faaeteete, ne'i sasi ana taga ona ilo lea ma a'e fua le faiva o tapuaiga ma le tuualalo a matai. O le faiva faataulasea sa faatinoina e le Afioga ia Ulufaleilupe ma le Fetalaiga i le Tautootoo ia Uiagalelei. E le soona faatinoa e se tasi lea faiva, aua o matūpalapala sa to mai i se alii sa faamatua tumu i ai le afioga. O le agaga faafetai i le alii, ua le matua taofi i le fofo o le gasegase, ae ua matua faasoa, aua ana le seanoa le faasoa o le fofo i tagata o le afioga, e siliga tali i seu se laveai mo lea ituaiga gasegase. O loo iloga pea i le afioga le tulaga o le Vaiutuitua. E i tafā ane o le vai o le alii lona tia ua igoa ia **Paepaetele**.

Isi Motuga Afa

1. E le o mailoa i le asō po o le a tonu le vaitau na le toe iloa ai le alii ma muta ai lona soifua faasaualii. E pau lava le talitonuga o le afioga, sa iai le alii i aso anamua ma e matua matautia ona ia foi vaitaimi. E iai lava taimi o nei aso e iloa ai le alii, ae o le malosi o lo latou faatuatua faakerisiano, e

cup, he is not allowed to show his face to the chief. If a voice similar to a roaring thunder is heard that is an indication the request is granted and the victim is well again. The young man chosen to serve the chief's *ava* must watch his step at all times lest he violates the condition of the taboo. The two chief who act as healers for Tui Atua when someone is affected are Ulufaleilupe and Uiagalelei. This privilege from Tui Atua is for the duo only. To date there are still evidence of the Vaiutuitua the chief's pool next to his tomb named Paepaetele.

Additional Thoughts

1. It is not known when was the last time Tui Atua was seen or when he died. But the village believed that he was a feared and terrible ruler. There are times nowadays when Tui Atua's presence is felt within the village, but because of Christianity the feeling is mostly forgotten.

2. There were reports of the chief and his staff and pandanus necklace in neighboring villages, but no one dared confront for fear of the consequences.

afua ai ona taoama nei talitonuga o aso o le vavau.

E ioe atoatoa le taofi sa iloa foi le alii ma lona tootoo faatasi ai ma lana ulafala i nuu e tau lalata ane. E leai se isi e paoina pe fai upu leaga faapalopalo aga'i i le alii, aua ua silafia lelei le tulaga e o'o i ai.

Auiliiliga o Upu

1. Alofi – o le 'ava
2. Anava – aupega
3. Anoa – mea e sili ona taua pe tauoloa
4. Atipouniu – tootoo
5. Upega lauga – fue
6. Usualele – o le usu taeao o tulafale i se ava
7. Faapalopalo – tauluilui
8. Faasasau – amio, aga
9. Faamatua tumu – faatumu-tumuga o se nuu, ekalesia, malo, ma isi saofaiga
10. Faataulasea – fofōga o se gasegase, taoto i fala efu, apulupulusia o tōfāga
11. Gogolo – leo ua lagona, pa'ō
12. Matua faasoa – fetufaai
13. Matua taofi – mamau
14. Natia ma le laina – nana i le paolo
15. Paoina – faalavelave, ave ese
16. Taoama – tau taofiofi, ono-sai
17. Tautu ava – soli alofi
18. Tafiti – malovale, minoi solo
19. Tapu – sa, vavao

Alagaupu

1. Ua pau Paepaetele, e afio ai le Tui Atua.

Mafuaaga – O le tala ia Tui Atua i le afioaga o Futiga.

Uiga – E mamalu atoa le aai pe a i ai le toeaina.

Faaaogaga – Ua saveioloolo ma malumaunu Paepaetele, aua o lea ua afio ai le Tui Atua.

2. Se'i muai saili fofo ia Ulufaleilupe ma Uiagalelei.

Mafuaaga – O le tala i le Tui Atua.

Uiga – O le tagata ua eu e Tui Atua i lona tootoo.

Faaaogaga – E lelei lo tatou faanatinati e muai saili fofo ia Ulufaleilupe ma Uiagalelei, ne'i ui le faatafa o le alii, ona tatou tigaina lea.

ILIILI

O Iliili

Faatomuaga

E mafuli le talitonuga o Samoa ia Tagaloa faatupu nuu, lea na ia fofoa motu maualuluga mai le alititai o le sami. Sa ia fetosoa'i le tele o motu ma tuu i vaega o le sami e finagalo i ai, faatasi ai ma le foafoaga o le tagata i usuga a le papa ma le eleele. Peitai ane, e le na o Tagaloa na iai sea mana faasaualii. Na iai foi ni isi saualii o lo latou faiva o le tosoga lea o vaega eleele ma faatutu i ni isi vaega o le sami.

E tusa ai o le saunoaga a Toaono Mafatau, e le o taoto i lagatonu finagalo faaalia pe na mafua aisea ona toso o lea vaega eleele agai ese mai le afioaga o Iliili. O ni isi o talitonuga e taulai i se ogaeleele mai le itumalo o le Alataua, lea na toso faatata mai e saualii ma salia ai se vaega tele o le afioaga o Iliili ma aga'i atu i le itu i sasae. O le taofi o lea mau ona o se lua tele ma le umī o loo i totonugalemu o le afioaga e aga'i atu i Fogagogo ma tau atu i le sami. O toega o iliili ma maamaa ninii na mafua ai ona igoa le afioaga, o **Iliili**.

The Village of Iliili

Introduction

The majority of Samoa supports the Legend that Tagaloa created villages and islands from the ocean floor. Tagaloa dragged the islands around and placed them at their current locations according to his will. He also created man from rocks and earth. Tagaloa was not the only one with supernatural powers, because there were others according to oral history of Samoa, who dragged the islands around and put them in the ocean where they are today.

For example, as was explained by Toaono Mafatau there is more than one theory about the village of Iliili was formed. Some beliefs suggest that a piece of land was taken away from Alataua County by the demigods and sliced part of Iliili in the process. The land taken from Alataua was dragged further to the east. Justifying this theory, there is a big hole in the middle of Iliili that extends towards Fogagogo at the sea. Pebbles (*iliili*) were left in the wake of the demigod's work and the name **Iliili** was given to the place up to this day.

Manatu i Tala Tuu Taliga

O le Mauga o Logotala

Ua toeitiiti leai se vaipanoa o le motu o Tutuila e le'i sāua i tala o le masaga piilua o Taema ma Tilafaiga. E le o mailoa i le taimi nei le itulagi na asa mai ai le ausaga, ae manino lava le mata o le vai i lo la toai taunuu i se matafaga o le pito i sisifo o le afioaga o Vaitogi. Na faasolosolo le malaga a tamaitai i nuu taitasi. Na foa e tamaitai le papa ma maua ai igoa o pito matafaga e lua o **Fogamaa** le tasi pito, a o **Fagalua** le isi. Na lauiloa i laua o **Teine o le Vasa**, aua sa feausi mamao mai se tasi itulagi. O nei vaega eleele o Fogamaa ma Fagalua o loo iloga e o'o mai le asō. Sa fai lea nofoaga ma aiga o tamaitai, a o feoa'i solo ma la laua ato pumoomoo mo lo la faiva. Ua igoa lea nofoaga o tamaitai **O le Fale o Fafine**. O foliga o papa sosolo ma le vao e latalata i le sami uli ma le moana sausau, ua fai lea ma lafitaga o tamaitai mai o la fili. E le gata i lena, ae o nofoaga toafilemu ia e faufau ai o la manatu, a o sema se laolao e faaauau ai la laua sailiga malo.

E ui lava ina nonofo tamaitai e lata i le vasa, ae avaga lava o la manatu i a latou fono ma aitu i le mauga o Logotala. O lea mauga e talitonu

Considering Customary Lore

Mount Logotala

The legend of the maiden twins who were born joined together is well known in almost all of the Island of Tutuila especially the western end. Their names were Taema and Tilafaiga. The direction from where they came is not known but it is clear that they landed at the western tip on the beach of the village of Vaitogi. According to legend, the twins cracked a rock upon arrival to form the Fogama'a and Fagalua cliffs and beaches and made them their home with their fabled shallow basket. The two cliffs and beaches may still be seen today. The duo was known as *Teine o le Vasa* (Maidens of the Ocean) because people thought they came from a far away place. The peaceful and remote environment of the cliffs which stretch forever, fronted by the white beaches and the dark blue ocean, were perfect for the twins to discuss and share their next move.

Although the twins had established their home by the ocean, Mount Logotala, which they created was dearer to their hearts because that was the place of their meetings with the demigods. The power of the twins brought terror to the

na faatupu e tamaitai ma avea o se mauga tele ma le maualuga. O lo laua mana faasaualii e mafai ai ona faia ma tutupu mea ofoofogia. E avea nei faiga ma ala e faamatau ai le tele o tagata. E masani ona lagona e tagata uma le logoa atoa o le aai i se tagi a se manutagi, e tuvao ai le fono a tamaitai ma isi agaga faasaualii. E leai se tasi o le afioaga e toe fealua'i, aua ua usuia le fono lea ua māe'a logologo puialii. O tagata uma o le nuu ua maufalega i maota ma laoa, ona o le fefefevale. O mana ia faasaualii na avea ma tulaga tūgā i lagona o tagata. Sa talitonu tagata anamua, e ilitata tele agaga o tamaitai i se tagata maemae toe fealua'ivale. O le mafuaaga lena na igoa ai le mauga o **Logotala**, aua e logo ai tala o le aai ma fono a tamaitai.

Isi Motuga Afa

1. E puaina i ala ni isi talitonuga o le fanau a Tui Aana na afua ai ona logo tala i lea mauga. E faailo foi le talaiga ma le tuvaoga o lenei fono i le tagi a le manu. Peitai, na tatai nei sailiiliga i taimi o le taa saualii o le atunuu. E 'auga lava e tasi le pogai o le mafuaaga o le igoa o le mauga o Logotala.

2. E iai taimi faatapulaa e tapu ai le mauga ona toe

hearts of all people in the area and afar. A pigeon was used by the twins as their messenger to call meetings. Everyone was aware when they heard the bird making that loud scary noise that it was time to leave everything and enter their houses trembling with fear. During these meetings the behavior of the villagers were discussed and matters pertaining to the twins. From these meetings, the mountain got its name Logotala (informed) about the happenings in the village and activities of the spirits and twins.

Additional Thoughts

1. There is also a belief that it was the children of Tui Aana who were the first to hold meetings at the mountain and the information from those gatherings gave the mountain its name. Similarly a bird acted as messenger to call those meetings in session.

2. There's a time limit on cultivation of the mountain for plantations similar to some taboos of the same nature in some parts of the island.

galueaina i ni galuega o faatoaga, e pei foi o le tele o vaega eleele o le motu. E leai se tasi e vae tapuina nei sa.

Auiliiliga o Upu

1. Avaga – naunau
2. Ilitata – musua, lē malie
3. Vaipanoa - vaega o loo avanoa
4. Maufalega - faofale, mau maota
5. Puaina – iloa se mea na nana, liaina
6. Logoa – lologo atoa
7. Sailiga malo – saili manuia
8. Sema – toe afuafua, avanoa
9. Taoto i lagatonu – iu lelei se mataupu
10. Tūgā - ogaoga, mamafa tu
11. Tuvao – logologo puialii, manu, tāla'i

Alagaupu

1. **E faailo e le mauga o Logotala le fonoa o Lupelele.**

Mafuaaga: O le tala i le mauga o Logotala.

Uiga: E faailoa i le tagi a le manu le usuia o le fono.

Faaaogaga: E ui lava ina poia faamanu i ofaga lenei aiga i le malaga, ae e le afaina o lea ua uma

ona faailo e Logotala lo outou toai taunuu.

2. **Ua foa le papa, ae to le fale o fafine.**

Mafuaaga: O le tala o Fogamaa ma Fagalua.

Uiga: O le alaluaina o papa ae to le fale o tamaitai.

Faaaogaga: O le a taoto ia faagalu e le fati ou paia, aua e le mafai e se manatu ona foa mamalu ia, e pei o le tala i le fale o tamaitai.

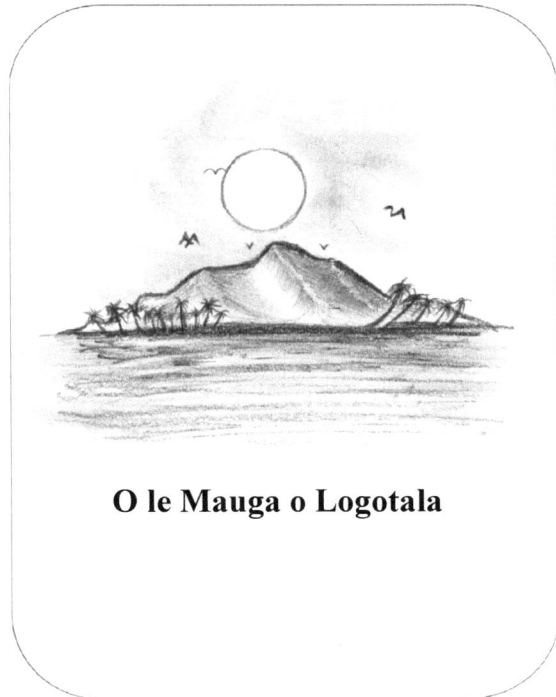

O le Mauga o Logotala

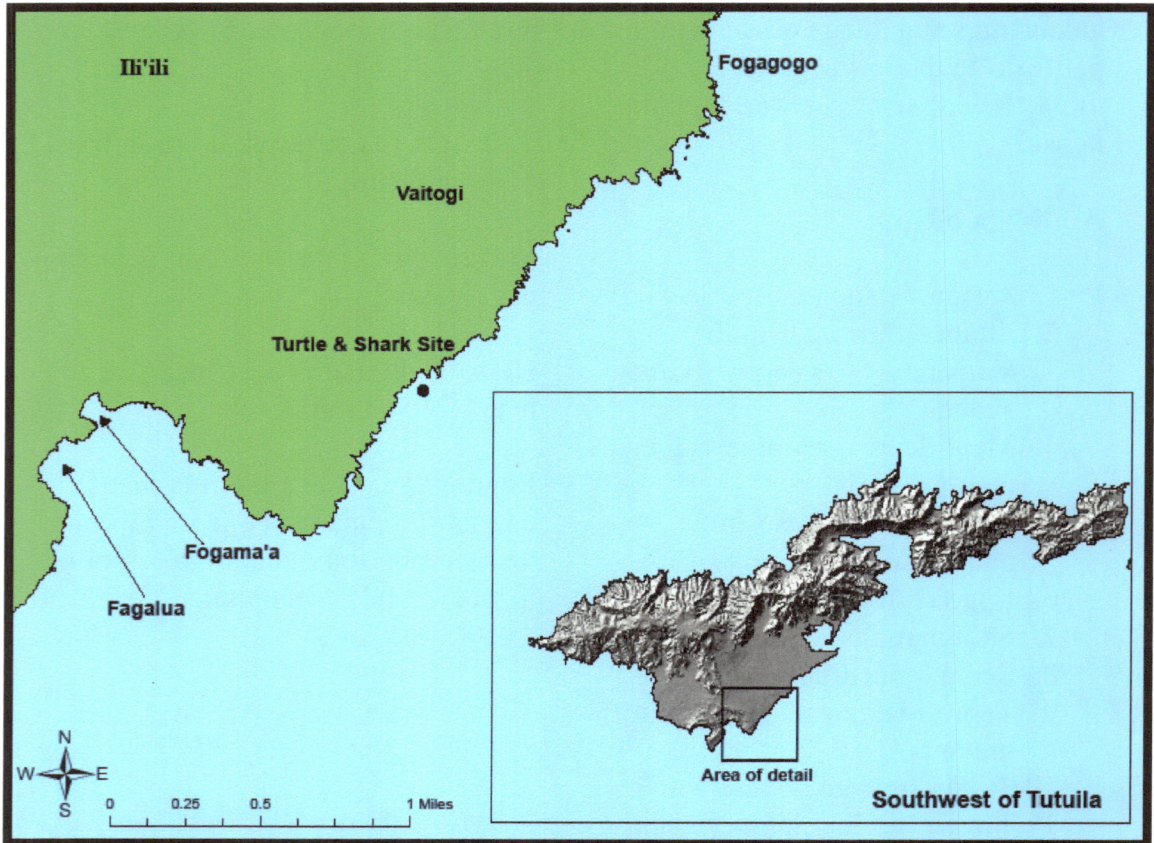

O le Afioaga o Vaitogi

Faatomuaga

E susūu'u i finagalo o o tatou tagata tala tuutaliga mai anamua. O ua faalanumaaveave ia e laei ai manatu e tu laualuga ai so o se tagata i falagamaea a nuu, aiga, ma ekalesia. E le fetaa'i faalou le magā le utaga loloto, se'i vagana ua siisii auma o le olaga. Peitai, na matala ia sega finagalo sa tofa i maota i le Afioga i le Senetoa ia Auaumaga ma le moe alualu i le Susuga ia Johnny Faleafine, ina ia faasoa mai

The Village of Vaitogi

Introduction

It is one of the traits of the Samoan people to hang tight onto their beliefs from the ancient times since it's an oral culture until recently. The traditional wisdom has been likened to a trump card used only under dire circumstances when challenged during village, family and religious debates. Only when the waves of life start to threatened the balance of nature is the guarded knowledge released; unlike the forked wooden

le sosia o manatu e taulai i le autu filifilia.

O le a ifo tonu le tuamafa filimalae i manatu e faatatau i tala ia: 1) O le vai na togi, 2) O le afi sosolo, 3) O le laumei ma le malie.

Manatu i Tala Tuu Taliga

O le Vai na Togi

O matafaioi e faatino i le tuāvao e i ai seuga lupe, tutuli, atoa ai ma faatoaga. E faatino foi ia matafaioi i so o se ituaiga faiva o le tuā'au. O faiva e patino i tama tane, e pei o le alofaga, lelepaga malie, afaafa loloa, lauloa, faamo'a, ma isi. E iai foi faiva e faapitoa mo tamaitai, e pei o le see, tuiga sea, faoga tuitui, tologa gau, eliga tugane ma isi.

Sa fai se faiva o tama e toatolu o Fogamaa, Tafuna ma Saleauau i gatai ane o le afioaga lea ua igoa nei o Vaitogi . O le oona o le sami na lagona ai le galala i le fia feinu ae ua le maua se vai. Sa oge vai le nuu i aso anamua, o le mafuaaga lena na putiputi ai se suavai e maua mai timuga mo le fofoga taumafa. Ae le gata i lea, o le souā o galu fati sisina na mafua ai le eeva ma le gagase o tino, atoa ai ma le masimasi o ni manuanua.

Ua le 'asa le saili o se vai a nei alii. Ua malu le afiafi, ae ua tupu a'e pea faamatagi le moe le manatu o

breadfruit harvester that aimlessly pick the ripe and immature crop, In that respect we would like to thank Senator Auaumaga and Mr. Johhny Faleafine for sharing this wisdom relevant to the selected topic.

Three stories pertaining to the Village of Vaitogi are as follows: 1) The Water that was Thrown, 2) The Raging Fire, 3) Turtle and Shark.

Considering Customary Lore

The Water that was Thrown

Cultural responsibilities including daily chores are performed in the forest e.g. pigeon hunting, feral pigs or cultivating the land for plantations. Some take place in the lagoon or on and sometimes beyond the reef. The men are designated for the many types of fishing expeditions such as shark hunting or fishing for other species bigger and dangerous using sinnet made from coconut husk fibers known for their seaworthiness.

Women are also assigned simpler fishing such as harvesting shell fish near the beach or in the lagoon or the wetlands especially the mangrove areas adjacent to the sea.

Saleauau e saili pea se vai, aua ua matua matutu o latou fofoga. O le savali ane o le tama aga'i i uta i le afioaga o Iliili na tau ai i se vai ma inu ai. Na ia manatua ona uso faifaiva o loo momoe pea i le matafaga. O lona talitonuga, atonu ua tali oti i laua i le galala i le fia feinu. Ua ia utu faatumu le taulua vai, ona ia lia'i lea i nofoaga o loo i ai ona uso nei. Ua pa'ū le taulua vai i le nofoaga e tau lata ane i nei taulele'a ma ua tino mai o se vai eli. O le tasi lenei o mafuaaga na maua ai le igoa o **Vaitogi**.

Isi Motuga Afa

1.E le talitonu le afioaga o Vaitogi i le mafuaaga o loo olaola malaulau nei e faapea: Na afua ona maua le igoa o le afioaga ona o kirikiti na au faatasi ai le afioaga o Iliili ma Vaitogi. E matua tetee ni isi o le afioaga i lea taofi, o le faaaoga o tamaitai e tausiniō i ai le lelei o te'a a taulele'a a se au kirikiti. Afai ae manuia se taumafaiga a se taulealea i lea foi faagatama, ona ave atu lea o se tamaitai e fai ma taui o se faaai.

2. E mautinoa lelei na matua oge vai le afioaga o Vaitogi i aso anamua. O le utiuti o le suavai e maua mai pe a pa'ū uaga o le lagi, e manaomia ai le faasoasoa lelei o lona faaaogaga mo le gasesega o mea taumafa. E leai se manatu ua ala ona le maua se vai i le afioaga

Three men named Fogama'a, Tafuna and Saleauau went fishing on the coast of the village now called Vaitogi. The salty taste in the men's mouth and the heat of the sun took its toll on the men who were thirsty but found no water. Vaitogi has a history of going for days without water, which is the reason why whenever it rained every individual took it upon them to conserve the water for drinking. The three men were tired due to the swelling waves and some injuries sustained while being tossed around in the ocean.

Thirst was the driving force behind the search for water. Dusk was approaching fast and so was the desire of Saleauau to search for water because their mouths were dry. Going inland near the village of Iliili, Saleauau found water. After quenching his thirst Saleauau remembered his brothers sleeping on the beach. Saleauau believed that his two brothers were at the point of death if no water was given to them. He wasted no time but filled two coconut shells used for fetching water and threw the pair of water containers towards the location his brothers were at. Thus the name Vaitogi (literally translated "Water thrown", *vai*=water, *togi*=throw.) The water containers fell exactly at the place where the two men were laying on

ona ua latou faatalale i se manuia, e pei ona mele e Afono manū.

Auiliiliga o Upu

1. Faamatagi le moe – o le matagi e agi pea e le malolo
2. Faatalale – faatumutumu lima, le popole
3. Olaola malaulau – tupu maualuga
4. Putiputi – tau faasoasoa
5. Souā – fafati o galu
6. Tuā'au – sami uliuli

Manatu i Tala Tuu Taliga

O le Afi Sosolo

O le afioaga o Vaitogi i le Tuala Uta, ua logologoa i ni isi o tala o le vavau e pei o le mu tele na tupu i le lotoifale o le afioaga ma sosolo i ona laufanua. Atonu e foliga tutusa le mu lea ma le mu matautia i le afioaga o Saleaula i Salāfai, lea ua iloga i lona igoa tautaua o le Lava. O le mu o Vaitogi, na afaina ai le tamaoaiga o le afioaga i faatoaga ma mea toto, ma o loo o fai nei ma faamanatuga i tupulaga o le afioaga i le asō.

Na afua lenei mu tele i se tasi o aso a o galulue le afioaga i a latou faatoaga. A o tafu a latou afi, na faafuaseia le sosolo o le afi i se savili malosi ma mu atoa ai le afioaga, e o'o lava i le aai. E iai fanua o tagata o le afioaga o Iliili

the beach and formed a well. Most villagers believe the legend to be. the origin of their village's namesake

Additional Thoughts

1. Vaitogi does not believe the other interpretation of the origin of the name of their village, which is as follows:
The name originated from the game of cricket of which women were used as incentive for bowlers. A good bowler would be awarded with a beautiful woman as compensation for his skill.

2. Shortage of water was a fact of life at Vaitogi in the olden days. The shortage of water required the prudence in making sure this precious resource is not wasted but to make the most of it in washing and drinking.

Considering Customary Lore

Raging Fire of Vaitogi

The village of Vaitogi at the Tualauta County is famous for one of its historical events. The Vaitogi fire may be compared to another volcanic eruption at the village of Saleaula in Salafai Savaii. The fire wiped out the economy of the village including plantations of various crops and its commemorated each year .

sa i totonu o Vaitogi. O se tulaga uiga ese na tupu, e le'i afaina lava se fanua e tasi o Iliili, ae sosolo lava le mu ma faatamaia na o fanua o Vaitogi. Na iso ma aililelo i o latou manatu le faapogai o lea mea ua tupu. O le oge vai o le afioaga i ia aso, na le maumaua ai ni vai e tape ai le mu, ae sa faaaoga le sami. Sa latou tautatā i le sami mo ni suāliu e titina ai le afi, ae ua atili sasao ai i luga le mu.

Na tulivae le afioaga i talosaga e tāpā se manatu alofa o le lagi mo lo latou puapuaga. O le mavae o nai aso, na totō ai ua o le lagi ma tatala punavai o le vanimonimo, ona vaaia ai lea e le nuu le mate lemu atu o le afi. Na saunoa Auau, "E masalo o le lima tagovale o tagata o le afioaga na mafua ai lenei mala. E le taumate ua toasa le Atua, ona ia faatupu lea o le savili malosi ma faaliu suauu le sami, ina ia tupu tele ai le mu mo se aoaiga o le afioaga."

Isi Motuga Afa

1.O le talitonuga o o tatou tagata i faavae na tuutaliga mai e o tatou tuaa, e fausia lea i ni tapu ua māe'a tapui ma e tatau ona mulimulitai i ai, e fai ma tapasa o le folauga o le soifua o tagata. E luasefulufa itula o le Sa. E amata i le ta o le ono i le

The fire occurred one day while people were working on their plantations. As the villagers practice slash and burn as is customary for Samoans, a strong wind blew and spread the fire wiping out all the vegetation and living things on the land. A strange thing happened because there were Iliili residents' lands within Vaitogi which mysteriously suffered no harm during outbreak of the fire. Vaitogi people were puzzled at that stage! Water was reserved only for food preparations and for washing. During the fire, seawater was the only means of putting out the flames, but the raging fire was uncontrollable.

The village immediately prayed for divine intervention through prayers. After several days of continuous fasting and praying the skies opened up and heavy rain poured upon the village of Vaitogi and put out the fire. According to Auau, "it could be that stealing on the part of Vaitogi residents brought down the great misfortune. The sea seemed like it was turned into oil by the Almighty and a strong wind spread the fire on all the land."

Additional Thoughts

1. Our people believe in taboos, set by our forefathers and should

afiafi o le isi aso, se ia pā'ia le ta o le ono i le afiafi o le aso fou. E sa se tagata ona ulufafo pe ulufale i le nuu i itula faatapulaa.

2.E ono faatulai ma le nuu se tasi e maua ua ia solitu i ia tapu o le afioaga. E sili atu i lena, atonu e mulimuli mai ni mala e fitoitonu i le ulu o lea tagata, ona o le le tausia o nei tapu ua māe'a tuulaupua.

Auiliiliga o Upu

1. Ailililo – e lei mafaufau i se mea e tupu
2. Iso – leai se tali, ua le iloa se tali
3. Lagima – lagi lelei, leai ni mala
4. Solitu - tetee
5. Suāliu – sua sami
6. Tautatā – toe aapa, toe manao, toe aumai
7. Tapasa – faatonutonu o le vaa
8. Tapui – faasa, faatulagaina
9. Titina - tape
10. Tulivae – toatuli ma tatalo, talosaga

Manatu i Tala Tuu Taliga

O le Laumei ma le Malie

E ui lava ina ua maea tusitusia lenei tala o le vavau, ae le mafai ona faaitiitia ai le agaga o le fia faasoa e faaali le taofi o le afioaga

be followed to the letter as a compass to guide us in the future. Vaitogi curfew lasts twenty four hours from sunset to sunset. No one is allowed to enter or exit the village during the curfew.

2. Whoever violates the curfew will be banished from the village. Punishment from above will fall squarely on the shoulders of the culprit for breaking the village taboo.

Considering Customary Lore

The Shark and the Turtle

Although this ancient legend is well documented that would not stop the spirit of wanting to share the version held by the village with its proofs. Maybe it was during famine that the villagers used the wild yam sparingly for food. Cooked yam could last three days. Breadfruit was the only crop that helped apart from yam but after harvest people went back to the wild yam for food. The saying *O le Fuata ma lona Lou*, literally means for every breadfruit season a new long pole with a forked end is used. Another saying goes:
Ai loa ulu, tuana'i taisi, a resource used in a time of great need is easily forgotten later when there is abundance.

e ala i pine faamau. Ai o taimi o le oge, sa faaaoga ai e tagata ufi vao mo a latou mea taumafa. Sa vavalu nei ufi ma afifi faataisi, ina ia mafai ona au lona faaaogaga i aso e tolu pe sili atu foi. A o'o ina fotu le fuata ulu, ona lafoai lea o manatu o tagata e toe faaauau le faaaogaga o ufi vao, ae sagai ane 'ai o le tai e talimasineia le fotu mai o le fuata, ina ne'i maumau le palasi. E masalo o fuata nei e tau ai le muagagana o le atunuu, **O le Fuata lava ma lona Lou.** E le faatauagavale se taofi i le va o taimi e 'ai ai taisi ufi vao ma le fuata ulu ona faapea lea o le muagagana tuutaliga a le atunuu: **Ai loa ulu, tuanai taisi.**

O le tala i le loomatua ma lona alo tamaitai mai Puleono i Salafai. E pomalaē le loomatua, ae le mafai ona aveese le silafia e o tatou tagata le nanamu sasala o meaai eseese. O se tasi aso i le tetele o le oge, na sosogi ai le loomatua i le manogi o se suavai taisi ufi a lo latou aiga. E taofi ni isi, e le o se umu ufi vao, ae o le umu ifi. E ui ina eseese taofi, peitai o ute nei e 'au'au i ai le tala tusia.

O le loomatua e fai ma matua tausi o le aiga. E masani le olaga o le Samoa ona tausi matua, aua o le punavai ola lea o le manuia ma faafualeva ai aso i le fogaeleele. I se tasi aso sa fai ai le suavai ufi, ae sii ane le mea tausami a le

According to the legend an old woman and her daughter from the Island of Savaii came to Vaitogi. The old woman was blind but knew the food about to be served. One day during a great famine wild yam was cooked in the oven for food according to the old lady but other villagers said it was chestnut.

Samoans are known for caring for the elderly because the common belief was that was the source of many blessings including many years added to a person's life. One day, the family cooked yams but served the old lady the soi instead. The soi is a fruit of a wild vine which is hard and itchy. There is a saying which derives from the soi: *E fetogi a'i faasoi o tuaoi. Thrown around like a soi at the boundaries.* Because the old woman was very hungry, she had no choice but to eat the soi which affected her mouth. The old woman called her daughter and they left because they felt the family was unkind to them. The woman instructed her daughter to take her to the top of the cliff when they jumped into the sea.

The woman was immediately turned into a turtle while her daughter turned into a shark. The duo arrived at a sandy bay near the village of Vaitogi, where high chief Ufuti and his family were

loomatua ua o le laulau soi, talu ai ua aai faamemeo le aiga. O le soi o se fue e sosolo i le palapala, e malo toe mageso lona aano. E fetogia'i solo e tagata fai faatoaga lea e mafua ai le muagagana, **E fetogiai faasoi o tuaoi.** E le masalomia le mole ma le ī o le laualo o le loomatua i lea aso, na ia faaliu ane loa ma le le onosai ma tausami loa le laulau soi lea ua i ona luma. O le afaina o le fofoga o le loomatua i le mageso o soi, na ia iloa ai ua agaleaga le aiga ia te ia ma lona alo. Ua ia valaau i si ana tama ma faia le faatonuga e tatai i laua i le papa maualuga i le isi itu o le aai. O le toai taunuu o le savaliga i le papa na poloai ai le loomatua la te feosofi faatasi i le sami, aua ua tulia i laua e le aiga 'ai tui.

E iai le mau tauave e faapea sa liu laumei le tina, ae liu malie lana tama teine ma sau loa le ausaga aga'i mai Tutuila. Na toai taunuu le malaga i le muāava ma le Faga o Alii i le afioaga o Vaitogi. O le mamao na sau ai le feausiga na pei ai e tu malaē nuu i le vaai, se ia o'o lava ina ite fanua a lalo, ma sina le galu, ina ua faataumua ava le ausaga i muāava. E o'o mai le tevaaga o loo fai le faiva o suli o le aiga Sa Ufutī i lea vaega o le papa. Ua agalelei i ai le alii ma ua ia tausi i le loomatua ma lana tama.

fishing. The chief felt pity for the travelers and took them home and looked after them. One day there was a great famine at Vaitogi so chief Ufuti decided to go to Manu'a to get some food for the family especially the old woman and her daughter. It was quite some time since Ufuti left for Manu'a and the old woman and her daughter fled again and jumped into the sea. Upon Ufuti's return from Manu'a the old woman and her daughter were nowhere to be found.

Additional Thoughts

1. Nothing is said about the reason why the women fled again from Vaitogi except that the old woman missed the generosity of Chief Ufuti.

2. Vaitogi village believe only its residents can sing the song about the shark and turtle, and no one is allowed to point a finger at the shark or turtle or they will disappear.

3. The song is a proof of Ufuti's generosity in receiving guests who needed help.

Ua sau aso, ua alu foi tausaga e tele, ua o'o mai foi le oge i Tutuila. Ua tonu i le manatu o Ufuti, o le a alu i lona aiga i Manu'a e asamo ai ma 'ai'aigaga mo ni taumafa, ona e pele ma faigata ia te ia lona matua tausi lea mai Salāfai. Ua loa aso o alu Ufuti, ona toe teteva foi lea o le loomatua ma lana tama, ma toe feosofi i le papa lea na a'e mai ai le malaga i tausaga e tele ua mavae. E foi mai Ufuti ua manuia lana asamoga ma lana aiaigaga, ua leai le loomatua ma lana tama.

Isi Motuga Afa

1. E leai se tala na iloa pe mafua i se a ona toe teteva le loomatua ma lana tama. E pau le faamatalaga o loo mau i le afioaga oVaitogi, o le faananau o le loomatua i faiga lelei a Ufuti ma lana tausiga.

2. E talitonu le afioaga, e le mafai lava e se tagata ese ona usua le pese e faatagi ai le laumei ma le malie, se'i vagana lava tagata totino o le afioaga o Vaitogi. E le gata i lena, e faasa foi so o se tagata ona tusi se lima i

ai, ne'i tau e nei i'a e lua, o lea o le a folifoli le lamaga e faaumatia i laua.

3. O le avea ai o le pese ma faamanatuga o lea tala o le vavau, ua fai lea ma matūpalapala i le agalelei o Ufuti ma lona talimalo i tagata na o latou manaomia se fesoasoani.

Auiliiliga o Upu

1. Aai Faamemeo – 'ai faaleaga
2. 'Ai'aigaga - su'e meaai vela
3. Asamo – su'e meaai mata
4. Ite fanua a lalo – ua iloa lelei nuu po o motu
5. Faafualeva – faaloaloa aso
6. Faananau – naunau, fiafia i ai
7. Faataisi – afifi ufi
8. Faataumua ava – ua oo i le ava
9. Nanamu – sasala, manogi
10. Pomalaē – tauaso, le po se lilo
11. Sagai ane 'ai o le tai – talisapaia sapaia se manuia
12. Sina le galu – ua iloa le aau po o le fafati o galu
13. Talimasineia – faitau ane ai
14. Tumalaē – ua iloa motu

fonuea, fonuea,
laulau mai se manamea
o ai o saili i luga nei,
o sa le Ufuti o i luga nei
a uaina a laina,
e solo lava mataina
e laulautu ma lalelei

e pei o se lauti le lalelei
o lavalava o le laumei
a pae apaapa o le laumei

e ee le pu ia Malua
faamata'u mai Samoa
ee le pu ia Malua
sole laumei faiaga
faasua ma si au tama
o loo i ai le moega afa
fai mai e pei o se lauti le lalelei
o lavalava o le laumei
a pae apaapa o le laumei

O le Tautua a Pava ia Tagaloa

Faatomuaga

E le vaiavea i sa matou tala faatusatusa le mau tusia e faatatau i le alofi o Pava ma Tagaloa. O se tala ua lauiloa ai le atunuu ma le mea na tupu ona ua soli e le atalii o Pava le alofi. O le toatamai tele o Tagaloa na ia gau lua ai le alualutoto ma avea ma ala e tagiu'u ai le toeaina o Pava, ona o le alofa mutimutivale i lona atalii. E afua mai lea tala, fesili a tagata e faatatau i tāga e fai i le alofi.

Peitai, ua le tulituli'aupū se manatu i lea tala o le vavau, ae tuli matāgau le ufi a le tamaitai i le tautua a Pava ia Tagaloa, e tusa o le finagalo o le tamaitai matua ia Fiaoo Leatumauga o se toe ulutaia o le afioaga. E tele anoanoa'i tautua e faatino ma le punoua'i e le atunuu. Ae mafai ona tuu matāmaga nei ituaiga tautua i ni vaega se lua, e pei o le tautua lelei ma le tautua leaga. E le masino tautua lelei, e pei o le tautua afu lelea, matavela, aitaumalele ma le tautua tuāvae. E faapena foi tautua leaga, e pei o le tautua pa'ō, gutuoso, gutuā, taliupu, lima papago ma le tautua fia matai.

Pava's Service to Tagaloa

Introduction

We will try not to discredit the written version of the legend about the *ava* ceremony of Pava and Tagaloa. It is a well known legend because of what took place when Pava's son trespassed the *ava* ceremony. Tagaloa was so enraged that he broke Pava's son in two and caused the old man Pava great grief. Most of the actions that take place during an *ava* ceremony derived from that incident. For example hands clapping when the *ava* is ready to be served and the call for someone to stand up and serve the *ava* for the *matai* (chiefs).

Although there are many types of services we will concentrate on Pava's service to Tagaloa. Services may be divided into two: positive and negative.

66

PAVA'IA'I

Manatu i Tala Tuu Taliga

O Pava'ia'i

O Pava o se tagata sa tautua i Manu'a, a o tu le malo o le Tagaloa. Na noa se tagata e a'a tui pe tetee i le finagalo autasi o le alii. Atonu sa avea o ia ma alii e tautala tasi i se mea e fia faataunuu. O lona mamalu na ia faia ai ni tulafono e tatau ona usutai uma i ai tagata. E iai isi alii a tali lana sua e faasasaga i fafo tagata tautua. O isi o alii e le mafai ona agai e ni isi le taliga o a latou sua, e o'o lava i a latou masiofo. E iai isi alii e tuutuu i lima o tagata ana vai taumafa, po o le o'o atu lava i le faaaoga o tino o tagata e tali ai lona laualo. O nei faiga saua ua atili faatupu ai le mamalu o se alii, atoa ai ma le faatonu folau o soifua tautua tuāvae o tagata.

E taofi ni isi o le afioaga, na tulia mai Pava mai Manu'a ina ua solia lo la alofi ma le Tagaloa. Ae o ni isi e faapea o le le 'ano'ano o Pava ia Tagaloa, na mafua ai ona ia solia tapu o le taliga o le sua a le alii. E mu le foaga i le tagata na te aia meaai e totoe i le laoai a le alii, pe a maua taitaia oe o e faia sea tulaga. E auaua'i ma faasolo taulelea malolosi e ave mea e totoe ma liai i le togavao. E le o iloa tonu pe mafua aisea ona faia lea aga, aua e manumanu i le afu sisina o le gasesega o taumafa a le

Considering Customary Lore

Pava'ia'i

During Tagaloa's reign in the Manu'a Group there was a man named Pava who served him. Tagaloa was a strict ruler in the olden days, a characteristic which made everyone adhered to his every wish. Rulers in the ancient times required all people to face outside during meals no one dared faced the chief. Other chiefs forbid any person facing him during meal even the wife and children. Some had their drinks (water) taken to them from hand to hand. Some had humans for food in the name of sacrifice. Those were the laws of yesteryear that made people feared and respected their rulers more.

Some people believed that Pava was banished from Manu'a when his son violated the ava law of Tagaloa. But according to the elderly lady Fiao'o Leatumauga, the old man Pava violated some of Tagaloa rules of service, which stated that no person was to touch anything set aside for Tagaloa's meal. Strong young men were selected to take all the leftovers and throw them away. One day it was Pava's turn to take the remains of the chiefs to be disposed, but the food was very delicious that temptation was so great that Pava gave in and

alii, ae iu i le fu'efu'e e ave i le lo'ilo'i. Ua o'o i le aso o Pava e ave ai taumafa totoe i le vao, na le mafai ai e ia ona taofi le manao; talu ai le manogi sasala o taumafa a le alii, ma ia aia ai loa.

Na maua lelei e ni isi o taulelea Pava ma lana mea o loo fai. Ua latou faatalise le avei ia Tagaloa e faatatau i le tagata ua faatalatu e foua tapu o le malo. E le'i fesiligia le toatamai tele o Tagaloa ma lona fia tago lima e nunuti le tagata le mata'u. E le'i maua le amiga o Pava, a ua sola mai Tutuila mo se laveai. Ua tini taunuu le solaaga i lea vaega aai. Ua faauo atu i se tamaitai matua o le nuu ma manao loa e faataunuu le sauniga o le nunuavaga. E iai le talitonuga, na faaipoipo oti lava Pava ma le tamaitai ona ua pulapula la goto lona soifua. E ui lava ina ua le au le gafa o le alii, ae ua faaigoa le nuu i lona igoa, o **Pava'ia'i**.

Isi Motuga Afa

1. E le o mau tonu i le taimi nei pe mafua i se a ona faaumi le igoa o Pava ia Pava'ia'i. E ioe lava le taofi, o lea afioaga na igoa i le suafa o le alii o Pava.

2. E iai le isi mau, o le vaaia o Pava mai lana solaaga mai Manu'a e ni isi tagata, na latou faapea ane ai **o Pava a'ia'i lava le tagata**

ate the leftover and was punished accordingly.

Several young men caught Pava redhanded and they immediately informed Tagaloa about the violation. Tagaloa was so angry and wanted to lay hands on Pava but he had escaped to the Island of Tutuila where he married a woman of Pava'ia'i and died naming the village Pava'ia'i.

Additional Thought

1. It is not clear yet why the village is Pava'ia'i but the man's name was Pava.

2. Another version states that when Pava was seen by some, it was claimed that this is Pava.

lena, lea ua maua ai le suafa o le afioaga o **Pava'ia'i.**

Au'ili'iliga o Upu

1. Aitaumalele – tautua mamao
2. Alualutoto – tamaitiiti laitiiti
3. Avei – feau po o le avea'i
4. Fu'efu'e – lafoai, meaai a puaa
5. Mu le foaga – faasavali ese ma le nuu, faatea ese ma le nuu
6. Nunuavaga – faaipoipoga, fesilafaiga o paolo e lua
7. Tautua matavela - tautua e faatino i le tunoa
8. Tautua tuāvae - tautua i totonu o le nuu
9. Tautua gutuā - tautua gutu oso, tali upu
10. Tautua fia matai - tautua naunau e matai
11. Tagiu'u – tagi lotulotu
12. Tulituli'aupū – tuli na'o se tagata e toatasi, tuli matāgau
13. Tuu matāmaga – vaevae, tofitofi
14. Vaiavea - toesea

Alagaupu

1. **O tāga e pōnā i vao, ae puaina i aai.**

Mafuaaga - O le tala ia Pava ma Tagaloa.

Uiga - E leai se mea e lilo i lalo o le la.

Faaaogaga - Pōnā ia i vao ni aleu o le mafutaga, ae aua ne'i puaina i ala.

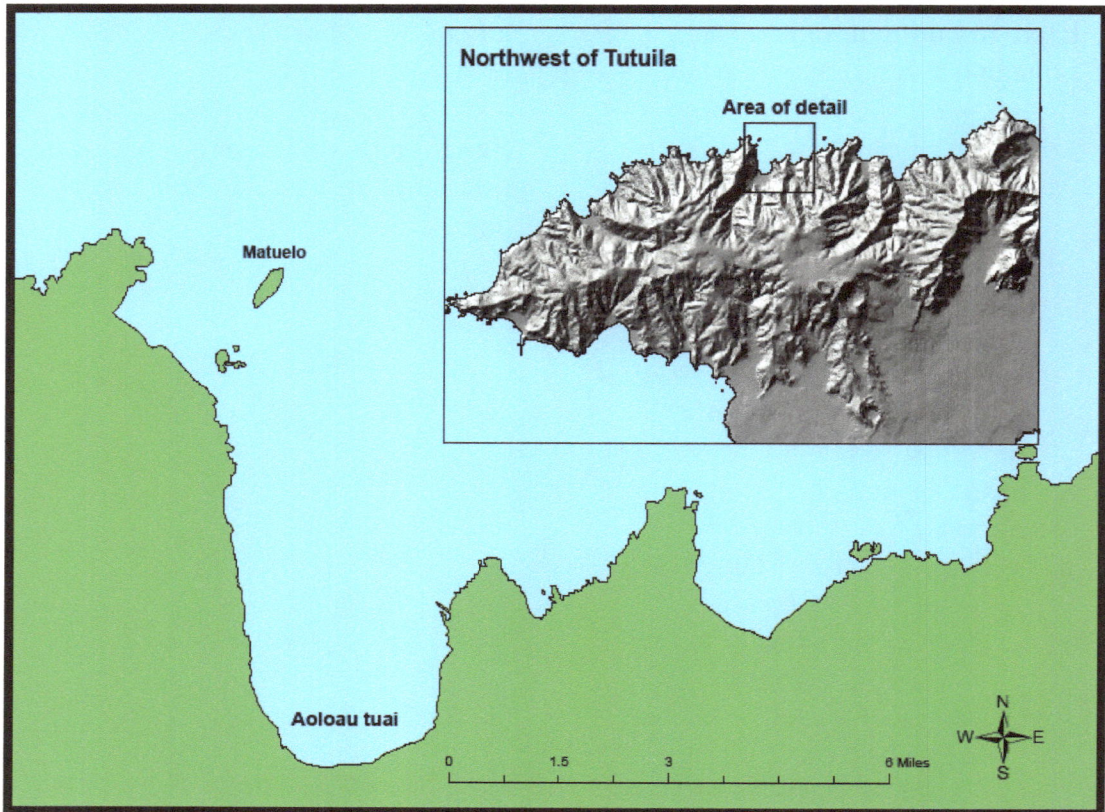

Aoloau Tuai

Faatomuaga

E le'i faigofie ona tauasa aai fou e tuaa o afioaga, e fai ma vaega faaopoopo e tua i ai i faatoaga mo le fofoga taumafa. E mafua ona saili malo tuaa anamuā, ona o le lagona ina ia aua ne'i ola falolo tama o le eleele ma tupulaga e fuā fai mai. E saili malo i taua, usuga, o seuga, faagatama, atoa ai ma le faato'aina o laufanua fou. O se vaaiga lena i le afioaga o Aoloau, lea ua mautu nei i le nofoaga fou e ta'ua o le mauga o Olotele.

Old Aoloau

Introduction

The search for more lands to start new villages or relocate old ones in some cases to gain additional land for purposes of planting crops and other needs of Samoan society was not and easy task. The main purpose for seeking new space in the olden days was to safeguard future generations from being idle and impoverished. Samoans of old used every means at their disposal to attain their goals, whether it was through warfare, sports, fishing

E ifo tonu le u o le tologa i le finagalo o le Tamaitai Matua ia Aimalefoa F. L. Afalava, o se toe Matuauu o upu i le afioaga e faapea: E ui lava o lea ua iai le aai fou o Aoloau i nei ona po, ae le mafai lava ona vaea le fala le see i mamalu faalupe ma tala o le vavau na afuafua mai le nofoaga muamua o le afioaga e ta'ua o Aoloau Tuai, lea e tuaoi ma le afioaga o Fagamalo i le Alataua. O le taualoga o vaa tulula ma fautasi o le afioaga aga'i i Fagasa mo ni faalavelave faaleaganuu, e mafua ai ona maua le igoa o le nuu pe a olo le vaa i le aave o le au, aua e le faigofie i se tautai agavaa ona taupaleuu ma le malolosi o auma.

E iai foi se tasi mau tauave e talafeagai tutusa ma lea taofi e faapea: o le faalepa o le fuavaa tau a Samoa e puipui mai ai le fua a le fili i vaitaimi o le pulega a Toga, e mafua ai le upu, o le olo i le au. O le muagagana lea e ave i vaa femalagaa'i o le atunuu **E olo a le fua**, aua e olo lava le fuavaa i le tafega o le au, e pei o le i'a e alu i le faiva o le faalolo pe a lukaluka le savili.

Manatu I Tala Tuu Taliga

O Faailoilo o Aoloau tuai

O le taofi maumaututu a saienisi e faatatau i tamai motu tu ese mai se motu tele e faapea: o vaega o le

farming or intermarriage. A similar path was taken by the inhabitants of Old Aoloau, resulting in their current location on mount Olotele.

As told by the old lady Aimalefoa F. L. Afalava, despite being settled in its new location, Aoloau of today always treasure its roots when it was located next to the village of Fagamalo at the Alataua County, now called Aoloau Tuai (Old Aoloau). One theory claims that the origin of the name Aoloau was due to the action of waves rubbing onto the body of the rowboats used for trade in the olden days between the villages of Aoloau and Fagasa. Similarly the term was attributed to the boats used during Tonga's rule in Samoa, thus the expression, "go with the flow" as the boats were at the mercy of the ocean currents.

Considering Customary Lore

Predictions of Old Aoloau

Some scientists believe that the small islets isolated from the main islands are parts of larger volcanic eruptions that fell into the ocean and became islands that eventually became a breeding ground for wildlife. That was the status of Island of Matuelo, an uninhabited isle near Old Aoloau. Villages differ in their opinions of the past. Time was based on sunrise and

mauga mu e pa'ū ese i se ogasami, e avea o ni motu tuufua e ofaga i ai manu. O se vaaiga lena i Matuelo, o se motu tuufua i le talafatai o Aoloau Tuai. E faitau eseese afioaga i aso anamua. E faitau taimi i le fanae lupe o le la ma le ifo o le taulaumea. E faitau i le tausagi o manu ma le vivini o moa e faailo le tusegi o le pogisa, ae fotua'e le malama o le ao. E faitau faiva o le atunuu i ituaiga tai ma le fesouaiga o galu. Pe aso ua po o aso folau, e faitau lava malaga i fetu ma le taaviliga o savili. O le faitau lena a le afioaga pe a iloa i tafā ane o le motu o Matuelo le vaaloa. E lagona e le nuu le tatā o lali ma pate, o tigi pupu ma leo malie e pei ni ligoligo, a o aga'i mai i le aai.

E le tasi se faailoilo o le aai pe a lata ina amia se soifua i le fafā, i le vaega ua tā'ua o Pulotu. O le iloa ai o le vaaloa i lea vaega o le aai, e lagona ai ma le pisaga o saualii, e aunoa ma le iloa o ni tino. Ua na'o ni leo e tapisa e pei o se nunufanau ma se lauaitu o se maliu, ae augapiu ma le iloa o se tasi. E ui lava ina pisapisao leotetele saualii i le taaligoligoa o le po, ae matua lava i le oo o le aai ma le pogisa o le vasaloloa. E leai se tasi o le aai e paoina fua ni manatu e tautee ai i le asiasi mai o le vaaloa ma ona faailoilo.

sunset, or a rooster crow that sometimes misled travelers, or signaled the fading of darkness and welcoming of sunlight. Fishing was determined by the weather or tidal phases; the stars played a major role in this respect telling people whether to expect rain or whether it was safe to travel depending on the winds at a particular of the year. The same applied when the fabled boat of the dead (a canoe that carried spirits to their home), was sighted near the isle of Matuelo. Villagers related that such phenomenon is heralded by the beat of wooden drums, the blowing of the conch shell and sweet melody when they approach the Island of Matuelo.

There is more than one way for the villagers to know that one of the souls will soon be taken away to their final resting place, which according to legend is known as hades, which researchers believe is called Pulotu at the western part of Samoa. At the sighting of the boat of spirits only strange voices of the dead are heard, which sounds similar to the weeping and wailing at a funeral or a major catastrophe. A spooky atmosphere prevailed at midnight fading gradually in the wee hours of the morning.

Another indicator of the passing of a villager is the strange weeping sound of the *manutuluia* bird that

E masani foi ona lagona e le afioaga le leo i'ī o se manu e tagi faasoloatoa i le aai ma tuasivi o mauga. O lea manu ua igoa o le **Manu Tuluia**. E lagona foi e le afioaga le solo o mauga pe a maea le tagi a le manu. Ua faaigoa ia vaega o le **Solo Sa**. E taofi le afioaga, e le'i vaaia faatasi se vaega o solo o nei mauga pe a malama le taeao, ae lagona le patia patā le pa'ō i le po ua tuanai, o le faailoga lena o le mutaaga o le soifua o se tagata o le afioaga.

Isi Motuga Afa

1. E le na'o Aoloau se afioaga e tupu ai sea tulaga. E tutupu foi i isi afioaga, ae eseese faitauga o taimi o le asotau faaletausaga. E faitau isi i le taimi o le agi o le tuā'oloa.

2. O le faitauga o Samoa anamuā e tau i numera sōā. O se taofi lena i le faitau a le vaaloa, e tau i pāga agaga ma e tatau ona tofu soa agaga i le liu o le vaa ma aga'i atu i le fafā i le lualoto o agaga.

Auiliiliga o Upu

1. Augapiu – leai ma se mea e maua.
2. Asotau – kalena o le tausaga
3. Ifo le taulaumea – afiafi, goto le la.
4. Faalepa – malolo
5. Fafā – nofoaga o agaga, lualoto.

resounds throughout the mountain range as it circles the village many times. Following the bird's scary announcement, a landslide was heard and felt by the village, which according to one villager felt like the end of the world. The slide is known in the village as the 'solosa' or sacred slide. Strangely on the following morning nothing appeared to be out of the ordinary; everything seemed to be in order – just the beginning of another beautiful day in Paradise. It was reported that the reason for these happenings was to herald the passing of one of the high chiefs of the village.

Additional Thoughts

1. The above phenomenon does not apply to Aoloau only, but similar circumstances occur in other villages according to the stars. Some maintain that during the *tuaoloa* (fohen winds) or immediately thereafter a person in the village will surely die.

2. In ancient Samoa spirits in the 'boat of spirits' were only counted in pairs.

6. Fala le see – mamalu lē avea, paia lē toesea.
7. Falolo – ola fia 'ai
8. Fanae lupe o le la – taeao segisegi po o le oso o le la
9. Lauaitu – fetagisi leotetele.
10. Ligoligo – iniseti leo malie.
11. Matuauu o upu – tamaitai e loloto le silafia.
12. Nunufanau – faailoga o se tamaitiiti.
13. Taupaleuu – leai se tau masina, leai se tagata e pule.
14. Tapisa – pisapisao, vāvāō.
15. Tuā'oloa – savili, matagi.
16. Vaaloa - vaa o agaga.

Alagaupu

1. Ua Solo Sa fa'ailo i aai.

Mafuaaga - O le tala o Aoloau tuai.

Uiga - O le solo o mauga e faailo ai se alii o le a tuumalo.

Faaaogaga - Talofa ua fai i lagi le folauga, aua ua faailo i le Solo Sa i aai.

2. Ua faamanu tuluia tagi i tuasivi.

Mafuaaga - O le tala o Aoloau tuai.

Uiga - O le 'ī a le Manu Tuluia e iloa ai se alii o le a tuumalo.

Faaaogaga - Ua 'ī nei le Manu Tuluia ina ua fai i lagi le tuliga si'a a le sa faamatua tumu i ai le afioaga

www.ingramcontent.com/pod-product-compliance
Lightning Source LLC
Chambersburg PA
CBHW060811090426

42737CB00002B/34